SAGAS DO PAÍS DAS GERAIS

ROMANCES HISTÓRICOS DE AGRIPA VASCONCELOS

1. FOME EM CANAÃ — Romance do ciclo dos latifúndios nas Gerais.
2. SINHÁ BRABA — Dona Joaquina do Pompéu — Romance do ciclo agropecuário nas Gerais.
3. A VIDA EM FLOR DE DONA BÊJA — Romance do ciclo do povoamento nas Gerais.
4. GONGO-SÔGO — Romance do ciclo do ouro nas Gerais.
5. CHICA QUE MANDA — Chica da Silva — Romance do ciclo dos diamantes nas Gerais.
6. CHICO REI — Romance do ciclo da escravidão nas Gerais.

SAGAS DO PAÍS CHAMADO BRASIL

1. SÃO CHICO — Romance do Nordeste Brasileiro — Agripa Vasconcelos.
2. O AMANTE DAS AMAZONAS — O Romance do Amazonas — Rogel Samuel

O AMANTE
DAS
AMAZONAS

SAGAS DO PAÍS CHAMADO BRASIL

Vol. 2

Capa
Cláudio Martins

EDITORA ITATIAIA
BELO HORIZONTE
Rua São Geraldo, 53 — Floresta — Cep. 30150-070
Tel.: 3212-4600 — Fax: 3224-5151
e-mail: vilaricaeditora@uol.com.br
Home page: www.villarica.com.br

ROGEL SAMUEL

O AMANTE DAS AMAZONAS

EDITORA ITATIAIA
Belo Horizonte

2005

Direitos de Propriedade Literária adquiridos pela
EDITORA ITATIAIA
Belo Horizonte

Impresso no Brasil
Printed in Brazil

ÍNDICE

Um: Viagem 9
Dois: Palácio 16
Três: Numas 22
Quatro: Paxiúba 37
Cinco: Ferreira 48
Seis: Júlia 78
Sete: Desaparece 86
Oito: Ratos 89
Nove: Frei Lothar 93
Dez: Perdida 102
Onze: Ribamar 105
Doze: Manaus 108
Treze: Conversas 111
Catorze: O Leque 116
Quinze: A Livraria 119
Dezesseis: Benito 121
Dezessete: A Rua das Flores 127
Dezoito: Encontro 137
Dezenove: Mistério 140
Vinte: Noite 144
Vinte e Um: O Pórtico 148
Vinte e Dois: Jornal 155
Vinte e Três: Fim. 160

UM: VIAGEM.

Nós nos despedimos na Cancela sob a primeira luz da madrugada do Natal de 1897 — eu de minha mãe, nunca mais a vi — na presença de todos que ali estavam e de quem me não quero lembrar, no povoado de Patos em Pernambuco, de onde parti com duas mudas de roupa na mala, amarrada, costurada, com um cosmorama onde se avistavam as paisagens de Manaus, Belém, Paris, Londres, Viena e São Petersburgo.

Vim cavalgando um muar num comboio de lã pela Borborema, e três dias depois estava em Timbaúba de Mocós, cabeça de linha de ferro e ponto de reunião de tropeiros do sertão da Paraíba e do Rio Grande do Norte. Foi lá que me puseram dentro de um trem para o Recife onde, no Brum, encontrei uma hospedaria perto do Cais da Lingüeta onde fiquei cinco dias e de onde embarquei no *Alfredo*, destinado ao Amazonas: eu era um adolescente.

Viajei aquele dia e no seguinte amanhecemos em Cabedelo, o cais cheio de gente ansiosa que recebia combatentes de Canudos, Monte Santo e Favela, da Travessia de Uauá. Houve alegria mas muito mais prantos e gritos. E não nos demoramos, que dali partíramos para Natal, onde retirantes esperavam aquele navio para fugir para o Amazonas. E já, além dos 500 soldados da Polícia do Pará, se acomodava nos porões do navio todo o 4° Batalhão de Infantaria que sem baixas, inteiro, voltava da Guerra; assim em Fortaleza o Comandante Bezerra obrigado a aceitar, acolher e abrigar uma lista, lida em voz alta, de mais de 600 flagelados da seca que nós desde 79 vínhamos retirando periodicamente para o Amazonas, que estiava: Navio dentro do qual não cabia mais único engradado de porcos, alojando aquela horda que fedia podre, de suor, esterco de gado e urina — redes se entrecruzando e houve roubo, bebedeira, estupro, briga, facada e morte — um pai esfolou um macho surpreendido com sua filha num vão de esterco; outro, bêbado, mijava ali no chão enquanto escorria até onde dormiam muitos, no chão; sobre um garajau de galinhas um homem sacou de si e se aliviou sob a luz de um candeeiro amarelo cheio de moscas. Era um soldado.

Passamos do Farol de Acaraú ainda dentro daquele porão e paramos em Amarração para largar um cadáver, o preso e dois passageiros cobertos de varíola. Mas não tocamos em Tutóia, aportando em São Luís onde o *Alfredo* foi dentro d'água cercado por botes, catraias e se transformou em gigantesca feira flutuante, lá subindo todos para bordo os vendedores de camarão frito, doces e frutas. Pois não foi uma viagem maravilhosa? E logo desataviado, despachado, o *Alfredo* prosseguiu navegando pesado ao longo e em direção de Belém, e ao entardecer se moderava a marcha para deixar subir o prático da Barra do Farol quando o *Alfredo* franqueava o estuário do Rio Amazonas e, à malagueta, penetrava o grande rio de bitáculas acesas que era noite e apesar de tudo coberta de estrelas.

Foi em Belém que me hospedei naquele hotel que se chamava "Duas Nações" porque de um português e um espanhol. E como tinha de esperar um mês pelo *Barão do Juruá* para o Amazonas, e meu dinheiro se acabava, dormia ao relento, economizando para almoçar, que eu já devia a passagem ao patrão, que adiantava.

Porém embarcado chegaria em Manaus sem tropeços depois de 6 dias de viagem a 8 milhas por hora. E 2 dias mais tarde passava pela Boca do Purus, 5 dias após entrava na Foz do Juruá. Não navegávamos dia e noite? Na Foz do Juruá o Rio Solimões mede 12 km de largura e pássaros de vôo curto (o jacamim, o mutum, o cojubim) não conseguem atravessar, morrendo cansados afogados no fundo de ondas pinceladas de amarelo da travessia. Em 8 dias de navegação pelo Juruá chegávamos no Rio Tarauacá e atracávamos em São Felipe, de 45 casas, vila bonita, e arrumada. 9 dias depois entrávamos no Rio Jordão, de onde não prosseguiu o *Barão*, que não tinha calado, a gente seguindo desse modo de canoa pelo Igarapé Bom Jardim, subindo pois e encontrando nosso termo e destino, a ponta do nosso nó, o término, o marco extremo de nós mesmos, o mais longínquo e interno lugar do orbe terrestre — atingíamos finalmente o Igarapé do Inferno, limite do fim do mundo onde se encontrava, e envolto no peso de sua surpresa e fama, o lendário, o mítico, o infinito Seringal Manixi —

40 dias depois de minha partida de Belém, 3 meses e 5 dias desde que minha partida de Patos.

MAS não disse que vinha à procura de Tio Genaro e meu irmão Antônio, aviados no Manixi. Não. Pois eles tinham sido trabalhadores seringueiros do Rio Jantiatuba, no Seringal Pixuna, a 1.270 milhas da cidade de Manaus, onde anos depois naufragaria o *Alfredo*. Eles freqüentaram o Rio Eiru, numa volta quase em sacado, e dali partiram em chata, barco e igarité até o Rio Gregório, onde trabalharam para os franceses, e de lá partiram para o Rio Mu, para o Paraná da Arrependida, aviados livres que eram, subindo o Tarauacá até o ponto onde dizem foi morto o filho de Euclides da Cunha, que delegado era, numa sublevação de seringueiros. Depois viajaram. E foram para o Riozinho do Leonel, seguiram pelo Tejo, pelo Breu, pelo belo Igarapé Corumbam — o magnífico! —, pelo Hudson, pelo Paraná Pixuna, o Moa, o Juruá-mirim até o Paraná Ouro Preto onde, pelo Paraná das Minas entraram pelo Amônea, chegando ao Paraná dos Numas, perto do Paraná São João e de um furo sem nome que vai dar num lugar desconhecido. E lá, foi lá que eles encontraram o barco que seguia para o Igarapé do Inferno e que os deixou no Manixi, onde amansaram, no Acre, aviados do dono do seringal.

Confesso (que todo este livro é a confissão de minha vida) que logo senti naquele momento Genaro e Antônio ansiando em retomar para o sertão, que a crise da vida amazonense se agravava, e isto que as condições dos seringueiros pioravam nos tempos dos meus parentes naquele modo se ralando e se gastando no trabalho de tirar leite da mata sem proveito.

Ou quando me avistaram não me compreenderam. Eu magro, olhar esmagado sob uns cachos de cabelos castanhos que tinha, abandonado, surgido como aparição no banco do alpendre do tapiri (caía, eu me lembro bem, escura, procelosa tempestade, noturnos clarões e sibilante vento) oh não, que não me reconheceram (estaria eu ali no testemunho de suas sortes), nem me aplaudiriam e antes me odiavam. Pois não tinham eles saído também jovens, há mais de dez anos, de mim guardando a amarela lembrança da criança de roupinha suja de água de barrela? Não se viram em mim naquele momento matador das esperanças em corte de pessoa, alto, sonoro e significativo nome de mais uma notícia de crise que vinha dar naquela pátria das más notícias, naquele lugar sempre em princípios, no recomeço de uma queixa que já se prolongava tantos anos, dispersando a família pelos lugares todos, dos nossos, que nem conheci, nem sei se ainda vivem, um foi para São Paulo, feito soldado; e outro, tendo talento nas pernas, foi-se súbito para Belém, voltando depois pelo Piauí, passado pela Serra Grande até Teresina, seguido pelo Maranhão até Goiás, cabra de pé solto que era, para depois subir o Tocantins até a Bahia onde finalmente desapareceu e de onde não deu mais nenhuma notícia senão que acabou no leprosário de Paricatuba ("Tenho fé em homem que come e anda armado", disse-nos ele no dia da partida para nós. "Cria talento e coragem. Com gororoba no bucho, pau de fogo nas costas e faca de ponta nos quartos chamo qualquer boca de fera!"); o outro — ah! —, era o mais velho, e moído e miúdo morria de fome com não abandonar a mãe velha (ela o amava mais que todos. Minha mãe morreu 2 anos depois que parti. Ela me desprezava, sei que me odiava, sei que me amaldiçoou na hora da morte); e nossa irmã, bela, cativa, caçula, abandonada pelo marido para fazer a vida na Vila de Santa Rita com os tropeiros da região, ganhando assim o de si para escapar da fome do mundo enquanto o sertão descascava de árido: sim, a nossa família toda, fodida e quebrada, assim que depois vi, me deixava sozinho, comigo, no horror de Deus.

POIS não disseram palavra. Se recolheram em si, e eu ainda durante muito tempo sentado no escuro, escorrendo chuva na mala de amarrado, chorando no abandono e solidão. E eu quis voltar, e não estar ali. E eu não quis ter vindo. Mas não tinha o caminho de volta. E nunca mais voltei.

E, lentamente, a partir do seguinte, comecei a fazer aquelas coisas próprias, como cozinhar e limpar o tapiri, pescar e catar frutas para que não se passasse fome. E como eu devia logo ao patrão que nem conhecia, tive de começar a correr, prisioneiro das colocações, e a seguir estrada com tigelinha de flandres, a fazer trabalho de defumação com o ouricuri, cavacos de maçaranduba e acabu, a criar minhas próprias pélas. O leite se tomava negro, ao meu contato. A agricultura não casa com a seringa? Produz o que consome? E não falavam comigo, e não me ensinavam, como que me ignoravam, não se falavam entre si, os dois. Tinham virado bichos, e não creio soubessem falar. Chegavam de noite, macacos moídos, mudos e sujos, comiam e dormiam fedendo. E de madrugada de novo para a estrada, movidos por um interno aparelho de corda, mecânicos, outra vez, eu não sabia para onde, eu não sabia para quê.

Mas aprendi a ferir a árvore, a defumar o látex, a empilhar as pélas de borracha, a ouvir aquele permanente ruído de gorgulho oleoso do acotovelamento das águas escuras do Igarapé do Inferno (que até hoje ouço e sei que irei ouvi-lo neste fim de rumo na hora de minha morte).

DOIS: PALÁCIO.

Pois que esta narrativa — paródia de romance histórico que define com boa precisão esta minha tardia confissão — vai-lhe revelar a vida tão surpreendente de Ribamar de Sousa, aquele adolescente que eu era, aparecido num inesperado dia de inverno da Amazônia dentro da chuva compacta de um ostinato extremamente percussivo em comandos de improvisação de uma partitura imaginária, ecológica, de acordes politonais sobre o que sentado estava num banco de madeira no alpendre do tapiri ao som do suporte de compassos 5/4 do Igarapé do Inferno, que sai no Igarapé Bom Jardim, que sai no Rio Jordão, que sai no Rio Tarauacá, que sai no Rio Juruá, afluente do Rio Amazonas, o Solimões, aonde estamos retornando.

Lembro-me de que, naquele Igarapé do Inferno, mas logo mais abaixo na última linha que riscava o horizonte daquela tarde — era uma diagonal dourada com a tempestade se aproximando na outra ponta do horizonte — como num recorte de uma cena de um escrupuloso sonho histórico, soberanamente saltou sobre meus olhos o vulto belo e art-nouveau do Palácio Maxini (que era como se chamava aquela construção), sede do Seringal e residência de Pierre Bataillon, pois nós retornávamos em busca daquele passado interdito, pois nós chegávamos no fim daquela era, quando o Palácio transparecia com deslumbramento nos seus múltiplos reflexos das quinquilharias de cristal, janelas e bandeiras das portas transformadas em lúcidas placas de ouro reluzente e vívido e muito louco, de um ouro muito louco e muito vivo, de um brilho vivíssimo, dourado e louco, fantasmático e delirante, desterritorializado e díspare, produzido pela acumulação primitiva de quase um século de exploração e investimento e agenciamento de sobrepostos níveis heterogêneos de história, num engendramento de todo varrido do planeta moderno, confinado ali, circunscrito ali, centrado ali na dependência permanente de si e de seu retardado isolamento e de seu anacrônico testemunho.

Nós retornávamos à elaboração do nosso faustoso passado, nós chegávamos naquela brusca tarde de ouro sem sentido e sem valor, em que o Palácio ocupava na sua singularidade todos os detalhes de um aspecto de deslumbrante luz. O Palácio (que era assim conhecida aquela construção que depois entrou em decadência, ruína e morte, depois da quebra da borracha), o límpido e repentino Palácio nos esperava, na tranqüilidade dos seus pontos e ângulos, com que nos acenava e encontrava, com sua imortal bem-aventurança, sobre placas de negras e primitivas águas vindas da origem da vida do mundo: nas faces do Igarapé do Inferno deslizavam as riquezas das cabeceiras do mundo, da Fronteira, do Inevitável, do Inexato, das Árvores do Princípio. Perdidas, devolutas, indemarcáveis... Sim, porque tudo a fortíssima codificação daquilo tem a ver com a experiência do retorno, da construção, que aquilo era uma edificação (depois abandonada) de dois andares mais porão de procedimento art-nouveau, cingida de finos gradis de ferro torneado, em convulsionadas e violentas volutas de gavinhas de elegante e efeminado contorno, travestidas, descomedidas, decorando a escadaria de mármore torto e enfático, escura e em pleno gozo das réplicas vilas européias. Que majestade é algo que logo se sente à distância, pois de longe já dava para sentir a majestade e diferença, o interesse de se reapropriar das sacadas e balcões que avançavam no ar... — mas tudo aquilo está hoje em ruína descontínua, mas tudo aquilo hoje não está, e a descrição corresponde ao que era o Palácio há muitos anos na minha mocidade e na proliferação da memória perdida, ah, sim, porque estou velho mas não estou louco, e as minas no meio da floresta lá estão como cultura e substância ainda para confirmar a existência e elaboração. Vejo bem o corpo retorcido daquele evasivo edifício oitocentista (depois saqueado), no alto da terra-firme, plantado em relação a uma verdade naquele limite da Terra, por conta de rios de sangue e de escândalo de toneladas de libras esterlinas de ouro reluzente de borracha — oh, Deuses!, porque existiu aquele luxo não admitido ou suposto, aquela desventura e extorsão, aquele desbarato dos prazeres da riqueza na sede do Seringal Manixi que era longe, muito longe, afastado de tudo, afastado de si, distante 3.100 km da cidade de Manaus ...

Eu não sou. Sou de outra época. Sou do tempo de um capitalismo primitivo, arcaico, luxuoso, feito tricotado em ouro e pedras preciosas, de um outro modo, daquele tempo em que o Palácio era imagem em busca de sua natureza profunda. Ali se dispunha de uma sala de música onde se ouvia principalmente Beethoven, de um piano Pleyel, a vitrine onde Pierre Bataillon ostentava sua coleção de violinos (o Guarnerius, o Bergonzi, o Klotz, o Vuillaume), as gravuras representando Viotti, Baillot, David, Kreuzer, Vieuxtemps, Joachim; a máscara mortuária de Beethoven, laureado em bronze, de Stiasny. A Biblioteca, em que alguém uma noite leu em voz alta versos de Lamartine. E salas e salas se interrogando para quê, salões e galerias e cômodos se intercomunicando por portas sucessivas que se abriam em galerias e corredores restritos, que se fechavam em si mesmos, ao som do piano de Pierre Bataillon dialogando com o violino de Frei Lothar uma sonata Mozart, como alguém que se concentra em si mesmo, de um poder mortal, ágil e terrível que se expressava nas paredes de estuque pintado, por irisações de um ouro esverdeado e escuro, na entrançadura de seus ritmos de galhadas e folhagens, de uma vegetação alucinada e japonesa que subia por aquelas formas pelo teto multirefletido nos bisotados espelhos de cristal, e nas flores dos lustres de modo a evocar a lembrança de exótico prazer. Sim, sou eu um velho de um outro século, e ali vivi, observando, aprendendo e comendo durante o longo daqueles anos todos, no círculo e em torno daquela povoação de objetos e móveis antigos, que descreviam monstros consumidores: como na cômoda veneziana a visão da atividade sexualizada da imagem; no armário de Boulle cenas de caça com javalis do consumo e cães mastigando sangrentas aves abatidas a tiros pelo Duc de Chartres e outros cavaleiros fidalgos na idiotia de vistosas calças vermelhas e botas pretas; no silêncio rigoroso do gabinete inglês; na dinâmica, na morfologia prostituta do divã de Delanois; na unidade e variante elíptica do canapê — e nos cipós, íris, cardos, insetos estilizados, poliformes, incorporando-se aos móveis e às linhas dos painéis franceses num delírio neo-rococó como não quis a natureza: estátuas sobre lambrequins, rocalhas e rosáceas ecléticas, urnas nas cimalhas dos balcões simbolizando a energia, a ontologia e o desejo do capitalismo de tudo consumir, de tudo gastar, de tudo produzir, de tudo poupar e de tudo faltar e apropriar-se, transbordando e abortando na loucura, na miséria e na morte — cariátides, capitéis, folhagens da selva — o pequenino Pierre Bataillon comeu e consumiu e fez em detritos toda a sua imensa fortuna na degustação de suas mobílias suntuosas e amontoadas e sem uso, no processo da esquizofrenia desejante e reprodutora, no fluxo de sucção de sua fina boca desumanizada, para pôr fim ao exagerado dos seus lucros surpreendentes, no autofágico prazer do mínimo consumo diário de seu capital miraculoso, sangrento e luxuriante, ao transplantar ali a qualquer custo todo espírito do humanismo europeu que se deslocava em navios fretados, trazidos, no embaraço dos seus belos e artísticos objetos inúteis, de uma arte vã, fútil e suicida porque improdutiva, insaciável e escrota. Tal é a ironia daqueles esforços feitos a fim de engastar no horizonte os filamentos de ouro e tornar mais nítida a impressão de distância, para emporcalhar de ouro a empestada história — em doença, em loucura, em mortes e crimes impunes e imperiais (vários povos desapareceram ali, nos critérios de uma singular estética do capital, nos vazios e nos inócuos de um paganismo coquete, amoral e moderno.

TRÊS: NUMAS.

São duas minúsculas meninas, índias, nuas, no outro lado do rio, entre as árvores. Na outra margem do Igarapé do Inferno estão, vejo-as, entre as colunas das árvores, vêm da curva descendente que sai do verde-escuro para o verde-cré até a fímbria da saia de aço da fria lâmina do rio. Como nessa matéria nada é absoluto, comece afirmando que as imagens dos seus lábios são, elas mesmas, somente belas. Pois o que faz a beleza é a beleza de sua aparição, naquele momento, da realização, lá, no inesperado, e surpresa. Quê! E elas vieram de lá. Estão na minha frente. São duas meninas. Duas índias Numas, inconfundivelmente Numas. Desafio. Indução. Paixão e banho clássico. Estão lá, em movimento lento. Silenciosíssimas. Que uma é menina. Outra, adolescente. Perfumam o ar em que se movem. Balanço. As pernas longas. Descendo esguias, virgens, na arqueologia da margem, o delicado encanto, e cuidado. Sim, e sim. Agora — e que sorriso se desenha nos seus olhos ... — está tocando a maior a ponta do rio, na delicadeza do pé. Experimenta a água, e goza. Eletrizada. Arranca do corpo a substância, e a transmite à vida da superfície. O rio geme, corda retesada, tocado. O rio está cheio de óleos negros. Melpomene num plinto de coluna de terraço. Naquele movimento de mínima precipitação, qualquer erro é fulminante. Ato terminal. Calor, prazer. O morno rio ressurge, como látex do sangue aquecido. Curvas. Finas. Detalhe de estuque do forro de salão de gala. Excreção brusca, violenta, do humor que escorre. Espuma de sangue. A vista cerrada, não as consigo ver. Nuvem branca primeiro no corpo todo. Nas partes sólidas, estreitas. Elas não me vêem. Não me sabem. Só desaparecem. Uma na outra. Se acariciam. Se tocam. Se introduzem no ar. O vento me encobre, elas não se alertam de mim.

Não sentem meu cheiro. Mas as vejo. Pois fui o primeiro a ver uma fêmea Numa.

As águas correm desde o sem princípio das partes íntimas da narrativa animal sob as árvores de 70 metros de altura; as águas vêm dos desconhecidos lugares da origem Numa; são águas da sobrevivência, são esquecidas e passam. Frias. Se perdem. Perigo; atroz. A princípio não se podem delimitar com precisão, onde as terras dos Numas, onde as do Seringal Manixi. Depois se vêem. Se sentem. No cheiro. Raras, marcas, macias. A flecha, espetada no talo da árvore, atravessa a picada, a vermelha. O galho quebrado diz: "Não passarás". E além da Curva do Tucumã, a passagem do eixo do rio se separa. Pode-se banhar e pescar, deste lado. Mas aos poucos os Numas se infiltravam, avançavam, atravessavam. Passavam além de si mesmos, não respeitando seus próprios limites. Atravessando o rio e a ordem que o rio exercia na floresta. A conduta, o êxtase, acima da curva onde moro, que se faz mediante o perfeito domínio que os Numas exercem sobre os múltiplos lados do rio em "S", o domínio invisível (não se pode vê-los), e secreto, em torno do qual se distribuem os seringueiros, naquela parte alta, em terra-firme, no cuidadoso controle quase cordial. O Seringal todas as noites invadido por fantasmas. O mundo se economizava. Harmonia, economia de gestos, de nenhum momento involuntário, violento, rompendo o pacto tênue e presente do espírito do silêncio armado. Não basta saber. É não esquecer a conduta, é não falar alto, assegurar a paz, conforme um crime, como se a paz dependesse formalmente do silêncio. Vigilância. Não assustá-los, não provocá-los. Não ameaçá-los com procedimento que quebre a funesta hierarquia estabelecida, porque fantasmáticos e míticos, porque em liberdade de vento. Porque nada eram. O vazio.

QUANDO, em 1876, Pierre Bataillon chegou naquelas partes, primeiramente encontrou uma pequena aldeia Caxinauá no temor dos Numas quase sujeita, na exterioridade e mobilidade do poder Númico. Poder-se-ia dizer que os Numas os toleravam, temporariamente, e a qualquer momento, resolvessem vir, para os supliciar e exterminar. A aldeia Caxinauá se espremia entre os Numas imprevisíveis e a parte civilizada e conhecida do Rio Juruá, lá onde só era possível encontrar seringueiros perdidos, gente ficada da expedição de 1852. Os Caxinauás tiveram contato com Romão de Oliveira. Os Numas não. Reagiram violentamente desde 1847, quando o sábio Francis de Castelnau por ali passou e os descreveu na *Expedition dans les parties centrales de l'Amerique du Sud*, raro exemplar na biblioteca de Pierre Bataillon. Também Travestin, em *Le fleuve Juruá*, se refere àquelas lutas que tiveram contra os Numas. Em 1854, João da Cunha Correa, no cargo de Diretor dos Índios, subiu o Tarauacá, descobrindo o Gregório e o Mu, sem contato. Pierre Bataillon chegou em 1876. É o que digo. Naqueles anos os Numas não estavam. Passaram-se vários anos sem eles. Pierre estabeleceu o seu domínio com facilidade, sobre as terras dos Caxinauás pacíficos. Aquela era uma das inúmeras aldeias Caxinauás da Amazônia. Pierre impôs a paz, a ordem. Destruiu a cultura Caxinauá pelo progresso, novo deus que era, e a quem eles se submeteram sem reclamos, quase alegres. A partir de então as mulheres e os rapazes Caxinauás se transformam em objetos do Seringal, pela força da tropa de guerra do Coronel. E a pequena aldeia, empestada de tifo, malária, sarampo e sífilis quase desapareceu: uma epidemia de gripe, em 91, dizimou um terço da população. Os Caxinauás se reduziram a 84 viventes agricultores, servos da gleba do Coronel.

Dez anos depois, voltando os Numas das montanhas peruanas, o quadro mudou molecularmente.

Com os Numas não.

Arredios, móveis, vigilantes, foragidos dos Andes, empurrados por perigoso inverno, permaneceram perdidos e livres, animais persistentes, se impuseram como resistência. Não e não. Reagiram ao pacto, ao toque, ao contato. Onde há resistência, há poder? Os Numas se submetiam a si mesmos, refugiaram-se em si. Na multiplicidade de seus pontos de força, insistindo em ser, no imprevisível espaço. Estão, a princípio, em toda a parte, na exterioridade do poder do Seringal, na rede florestal de fora da dominação. Os Numas cercaram o Seringal, restringindo-o a seus próprios limites, impedindo sua expansão desmesurada. O Seringal, imenso (viajava-se dias dentro dele), teve de estacar, deter-se, refluir, limitado por aquela invisibilidade, de saber, de encontrar, como se não existissem senão pelo vazio de sua ausência inumerável, recobertos, em nenhum lugar, no não-traçado. Freqüentemente se assemelhavam às árvores e aos pássaros do céu. Eles não eram aparência, mas imanência, e quem viajou pela Amazônia sabe do que estou falando, na ambigüidade onde tudo é incerteza e não-saber, herméticos, multiplicados e fortes. Os Numas, sem revolta, sem rebelião, sem guerrilha, rio acima, possíveis mas improváveis, mitificados, solitários, violentos, irreconciliáveis. Sempre prontos ao ataque que não se dava. Fadados a matar. Pois os Numas apavoravam. Eram pontos estratégicos desconhecidos na correlação de poder da natureza, de que os Numas eram guardiães. Distribuíam-se de modo incompreensível e irregular, em focos de força (diziam que eram capazes de sobreviver embaixo da água em certas bolsas de ar). Disseminavam-se com maior densidade no espaço da noite, preparavam armadilhas nos caminhos de pequenas cobras venenosas. Oh, ruturas! Seres frios, enevoados por lendas vindas

das montanhas, deuses que descessem para nos justiçar das noturnas culpas. Pois era como se fossem olhos fixos em toda a parte, de tal modo a gente se sentia vigiado por aquelas estranhas criaturas. Às vezes deixavam-se entrever. Muitos seringueiros tentaram caçá-los a tiros (e foram mortos dias ou meses depois, numa vingança fria e exata). Eles se deslocavam rápidos, como um sopro, não estão lá, transitórios. E rompiam além, na nossa frente. Nus, com gemido de fera ferida, de pássaro. Só som. Para se reagrupar nos caminhos já passados, deixando propositais pegadas. Recortam o ar com sibilantes flechas de vento, marcando seus traços em toda a parte, nas irredutíveis casas do nosso medo. Cruzam redes de relação dentro do Seringal, infiltrados, atravessando, chegando no jardim do Palácio, para afrontar. Eles estão lá, sem estar. Ágil nomadia perigosa. São homens nus, de enormes falos escuros. Alguns meses sumiam, desapareciam, pulverizados, sem unidades individuais, se acalmavam, tivessem ido embora para sempre. Ou só vento, integrados nas folhas das árvores. Mas logo uma seta rápida entrelaça no ar a sua curva a dizer que nunca se foram, que sempre lá estiveram, belos, os olhos amendoados e escuros, grossos sexos expostos, corpos de criança graúda. De certa forma, delicados. Mas puros fantasmas, encantavam-se, a floresta pré-histórica os neutralizava, floresta de ouro, de leite. Bataillon avançara na parte mais secreta da floresta, igarapé acima. Agora costeava os limites imprecisos da morte. Entre a tropa de guerra e a floresta dos Numas se estabelecia uma reciprocidade tática de respeito e de raivas. Pierre deixava presentes, miçangas, facas e frutas, em bandejas de madeira. Os Numas nunca tocavam naquilo. Entre o Seringal e os Numas não havia canal. O Seringal, à espera. Os Numas, na observação, proscrevendo limites que quebravam. Pierre evitava a guerra, buscava a solução política, economizava-se, agia conforme a natureza de seu princípio único, sem o risco de pagar pelo preço elevado da morte.

Aquele homem magro, baixo (teria 1,60m de altura), cotidianamente elegante, empertigado, ereto, a cabeça levantada disfarçava a pequena estatura, bigodinho à Carlitos, com quem se parecia, altivo, mas sem ridículo, altaneiro, nobre, neto do Duque de Cellis, uma das mais nobres famílias de Espanha, que vinha da antiga Roma, inteligente, culto, falando fluentemente várias línguas, sempre com a mulher, D. Ifigênia Vellarde, católica, filha bastarda do nobre D. Angel Vellarde, mulher amante da Amazônia e do seu luxo selvagem, doceira, bordadeira, nos seus elegantes e simples vestidos de seda rosa cálido, com os dois grandes diamantes como grossas lágrimas caindo dos lóbulos das orelhas quais espantosos sóis — cuja ascendência foi usada pelo marido nas alianças e pactos durante a Guerra do Acre, quando Pierre fez o hábil jogo de duplicidade com brasileiros e bolivianos, ficando em paz com os dois e dos dois tirando igual proveito, principalmente valendo-se do fato de estar ele protegido da guerra por uma inatravessável massa de 400 km de floresta, de pântanos e de flores — sim, era impossível conceber, fazia eu, como aquele fidalgo engastado na floresta, cercado de todo o luxo parisiense e de seus muitos livros — os clássicos, Schopenhauer, Rousseau — como Conquistador da Amazônia, do vasto império de látex (— "Assim é o látex", dizia ele — "elástico como o caráter. E é por isso que sai daquelas árvores como coisa fundamental e gomosa, como os líquidos viscosos sob a casca do corpo, o pus, o plasma aquoso branco, a goma, a seiva selvagem do muco que faz sangrar a floresta pegajosamente — é assim a seringa: o sangue da Amazônia que colhemos como um estranho mal e que um dia teremos de pagar muito caro") — sim, aquele homem não se desorganizava moralmente nos seus abismos e nos seus extremos em transformar-se e sitiar-se o Seringal num campo de concentração durante a dominação Numa.

Não, agudissimamente obsedado, Pierre Bataillon herdara restos espirituais da monarquia de grandes reis, admirado por nações, ou obra-prima da literatura — como se esperasse o óbvio: que logo os Numas viriam prostrar-se e reverenciar o seu supremo caráter e estilo — as insólitas reações daquele homem, ser qualitativo, fora da indistinta massa humana, pertencente ao número dos que representam algo excepcional, que ilustram o nome com a imagem interna do uso de si, ligando-se à metafísica da criação de um super-homem singular e inscrito na atmosfera do fantástico cotidiano.

CERCA de 500 metros acima do tapiri havia um trecho do rio onde o Igarapé do Inferno fechava — ainda que corrida, funda, escura e fria — a Curva do Tucumã, acima da qual nunca ninguém passava adiante, universo regido pela povoação Numa — "Você não passa", disse tio Genaro, naquela tarde. "Você nunca atravesse o rio". E na margem se lançavam os limites que se sobrepunham sobre as marcas da significação da vida, alerta e alarme, nos traços insondáveis e infratores ("Não passarás!"), e por isso aquele lugar atraía tanto quanto o Proibido, o Outro, na lâmina de aço da imagem duplicada e interior, aquilo que libertava a atenta direção do salto da novidade. Pois do lado de cá ficava como um sapo em sua poça, condenado ao que seria a família constituída, dois machos protagonistas do enigma do meu silêncio e angustiosa comunicação gestual, parentes quase mudos bichos, que salvavam a vida do deserto por resmungos monossilábicos, viventes sem mulheres e amizades, existindo na prisão geográfica onde só recordar era possível sob a pressão da materialidade selvagem e da solidariedade de guerra: que de madrugada partiam para a estrada como para a morte, impulsionados por uma ordem biológica, ficando eu nos afazeres do de sempre: defumar as pélas, e no de sempre o mesmo conhecimento de que tinha errado a rota do Paraíso — sim, eu esticava caniço de pesca que durava as horas inúteis, os dias inúteis, o tempo inútil, nem pensar pensava — semanas, meses e ia a ser anos a fio até a morte, a vida somente aquilo, o mundo somente a espera — desde que chegara tudo se estagnava no mudo e no nulo do anônimo de uma monotonia circular e estéril, de uma mecânica vida mascarada de impessoal catástrofe — porque eu sabia que ia adoecer — e que doente ali ia morrer sem perdão. Eu me adivinhava insignificante individualidade da classe condenada a morrer de malária no antro da floresta comida de bichos.

MAS a vida é um caminho que de repente se bifurca. E passa que, um dia, naquele dia — e eram certamente três horas da tarde, de tarde calma, quente e sobretudo verde entre árvores — estando eu sentado no tronco de espera que na Curva do Tucumã havia — bem defronte à curva plena do rio: o lugar era de pesca porque o igarapé, naquela altura, projetava-se numa rápida e solta volta quase em sacado, enseada de poço, piscoso e escuro, encobriria um homem alto logo sobre a margem, debaixo do cântico geral daqueles pássaros de bico largo e penas coloridas — quando, acintosamente, surpreendentes, de modo escandaloso e palerma, apareceram aquelas duas indiazinhas nuas.

Era certo que os Numas sempre voltavam das suas lendárias e por ninguém conhecidas montanhas peruanas. E certo também que voltavam gigantescos e ferozes, movendo-se sempre nas igualmente imaginárias áreas do Rio Pique Yaco, do Rio Toro, e do além mais. Mas nunca apareciam, qual seja: não ficavam visíveis, às claras, de frente, nítidos, senão de viés, difusamente entrevistos, só pressentidos na obliqüidade do olhar. Mas aquelas meninas — a poesia apronta um mundo, a prosa outro — estavam ali excessivamente reais, muito mais reais e humanas do que os sediciosos machos seus irmãos. Nem aquilo era mais revide a todas exações suportadas pela floresta durante a ocupação seringalista. Onde há poder, ele se exerce? Para mim, elas estavam uma na outra, se abraçando dentro d'água por baixo o que era tão fácil as mãozinhas tal como eu enxergava na minha perspectiva sexualizada. Reais, humanamente reais, lá, do outro lado — as primeiras fêmeas Numas que apareceram em todo o mundo, belas como o sol sobre a risca da Terra.

E eu sufoquei de emoção. E fui largando o anzol. E fui empurrado, abaixado chulo sobre a terra, e protegido pelo capão de mato. E sabia que os Numas estavam próximos, na vazante. Nunca os vira de todo, mas sabíamos, porque a caça desaparecera! — lugar que tem índio não tem caça, que ele come toda — o porco, o mutum, a anta — depois de as abater com flechas de cana brava e arco de palmeira, a pupunha, a bacaba, o patauá, o paracoúba, o itaúba. Tudo pau d'arcos? E as antas, principalmente as antas, de que eles gostavam muito — saborosas, passando sempre pelos lugares. Oh, sim, e sim. Que eu fiquei ali até elas se retirarem. Era o êxtase! Que nem contei para o tio e o irmão, que me perceberiam abatido se tivessem alguma vez olhado para mim. E, no meio da noite, sonhei forte. Eu estava doente e doído. Sonhei com a índia maior — inteiro corpo jungido ao meu, no meio da noite meu tio acordou com meus gemidos e veio não sei por que com a arma na mão, me sacudiu mas se foi, se aquietava, ressonando leve — meu tio, ele sempre dormia armado, sono levíssimo.

No dia seguinte, quase à mesma hora, as meninas reapareceram e eu era o navegador da minha obsessão e buscava a intimidade perdida no substancial interesse daquela representação, escorregando por aquela terra úmida da Amazônia de meus antigos dias.

Porém no terceiro dia aconteceu isso: Quase à mesma hora estavam lá, no banho, e eu — para vê-las melhor, mais de perto — meti-me numa folhagem de imbaubeira caída de onde tive de sair, estabanado — quase aos berros — de cambulhada, minuciosamente coberto por um manto de formigas saúvas carnívoras. Pulei n'água. As índias olharam para mim. Não se espantaram. Não se mexiam. Era como se já soubessem de mim. Já me tinham visto, aquelas, nas outras vezes, anteriores. E continuavam onde estavam. Sem medo. Sem surpresa. Na impessoalidade. Eu me limpava das formigas agarradas por ferrões — coberto de sangue. Eu, com barulho e escândalo, a perna sangrando. Depois, rindo-se eu, que dentro d'água estava, e, pondo a cabeça de fora, gritei-lhes: "Fala!". Elas não me responderam, sérias. Estátuas. Aquele inesperado banho me reanimou. As duas meninas estavam lá, quase ao alcance de minha mão. Pacíficas. Gozosas é o que eram, na linha de talvegue seca. Eu jogava na água. — "Fala alguma coisa!" — gritei-lhes. A correnteza rápida e fria do rio e o meu espanto me levavam. Para aproximar-me, saí das dimensões do poço e entrei, vigoroso, na corrente. Nadei, cego. Saí mais além, abaixo, puxado pela correnteza. — "Posso chegar?" — eu gritava, certo de que me entendiam. Com poucas braçadas as alcançaria. Torturado, mergulhei fundo nas águas, atravessei. Algumas vezes fazemos o que manda o impulso de nosso coração, mesmo que seja a última coisa na vida. Emergi adiante, metros além. Vim andando pela réstia de praia, nu e sem cuidado, aproximando-me. Elas não eram tão crianças, conforme então vi. Me olhavam sem medo. Os corpos abriam irradiações de forte luz. Eu, cada vez mais cego, mais perto. Eu nunca as tinha visto, assim. E tentava vê-las através da luz.

Foi então que a menor se aproximou de mim e me tocou o ventre com a pequenina mão, como se atraísse e admirasse a pele branca. Era coisa bonita de se ver. Súbito avancei a mão para tocá-la, também, na cabeça, — e foi então que ela mordeu. Dentada rápida. Senti e gritei. De dor, de surpresa. O sangue brotou na minha mão, animalzinho rápido e feroz. Foi isso. Assim, a impessoalidade, então, rapidamente se dissolveu. Desencantaram-se? Eu estava agora diante de gente. As duas começaram a rir, e vieram me segurar, juntas, e riam-se muito. E ih, ih, ih, elas se riam. E eu também me ria. E se riram e me seguraram rindo-se que foi assim conforme o digo eu, o Narrador.

No quarto dia não apareceram.

O rio era um deserto. Eu não tinha conseguido, na loucura do dia anterior, a plenitude daquilo que, há tempo, em mim, era só desejo impulso obscuro e sem nome: eu tinha arriscado a vida. Tinha sido capaz de cambiar a vida pela verdade, o que valia a pena, o que valia a vida, na equivalência surpreendentemente torcionária — a vida não é de caminhos retos —, mas na iniciação às Parcas, esboço de serpentes, nome de demônio. Minha verdade. Tampo do tempo. Última verdade a ser implantada, cabeça a dentro, no elenco das melhores e das mais remotas profundezas, na subversiva imaginação do terror e da violência — amá-las para mim seria desmistificar: As meninas fugidias, no mais rápido do ato, no átimo, não as pude pegar, na desiderabilidade do aceno, do acerto de contas.

NO meio da noite, súbita, acordo: toda a floresta está em chamas! Mas não era sonho não, conforme logo vi, e ouvi os disparos da arma de meu tio. Gritos e gritos. Na claridade aberta e vermelha, entre rolos negros da fumaça, meu irmão na contorcedura da grande dor, especado por flechas feito porco espinho — agulheiro de dor! E meu tio, atrás das pélas, parecendo mal, morrendo. Os Numas nos atacavam no meio da noite, mas... eu ainda estava vivo e não ferido.

Foi aí que não soube de mais nada do que se passou pois não sei como fugi e mergulhei na invisível água do igarapé de treva fria e rápida, e fui levado e me afastei dali. De longe, os tiros silenciaram de vez, não vi mais o fogo da labareda da serpente, e uma correnteza negra me abraçou, me envolveu, me levou. Eu batia em paus e pedras, mas prosseguia e prossegui, noite a dentro, breu a fora, sem pesar, por dentro, extasiado e sem pensar, com as estrelas, como se tudo aquilo fosse o prosseguimento do meu sonho na noite velada e muito burra e muito cega, hipnótica, horrorosa, continuando assim por muitas horas entre sombras, segredos e lágrimas de tudo se dissolvendo ... Sim.

QUATRO: PAXIÚBA.

E chega que alguém diz: "Bons dias" (a voz como era?) — sim, que quem se introduz nesta estória e então fala é o enorme bugre caboclo Paxiúba, naquela época com cerca de dezenove anos, mas já bem dotado de grande, de fama, de alto, de um metro e noventa e dois de altura, ah, bem me lembro inteiro dele sim, a gente fica velho mas, antes de morrer, a memória a gente aviva, e nela vive, até o tampo do tempo nos apagar, gatão lustroso que passa sua língua, nada, no parado esquecido, tal que logo desaparecemos que vai ser como se nem nunca tivéssemos existido, nem mesmo como personagem de ficção que é o que é. Mas o olho burro tudo vê, e registra — mosca da vida sobre a rosa de sangue e da conversa vã. Pois sim. Que diz-que Paxiúba era filho de um negro barbadiano da Madeira-Mamoré com uma índia Caxinauá que não conheci, e se tomou lendário e eterno — ele-mesmo se aproximando assim, remando silencioso e feroz pela face da manhã, no luxo de frente do porto do Laurie Costa, que ficava na margem esquerda do Igarapé do Inferno, submerso e distribuído pelo prestigioso vale.

Pois se aproximava somente para dizer: "Bons dias", e assim se referia a uma certa e acocorada Zilda, esposa do Laurie Costa, lavadeira das roupas, agachada sobre a prancha lisa, lixiviada, de Itaúba, tabuão de sabão, — ela nem o tinha visto e pressentido em suas costas feito um jacaré inteiro estirado imenso — Paxiúba na montaria, espetáculo bom de ver, mas literário, enorme tetrápode, que já o conheci assim, escuro caboclo e tigre, grandão, desenvolto, olho de cobra, de bicho, poderosamente selvagem, no vivo, no ensolarado do olho amarelo, luminoso, feroz, sobre musculatura nobre de dar inveja às estátuas do Louvre, erguida cabeça sobre o pescoço grosso, sólido, de muito viva, e guerreira, assassina, arisca subjetividade — era assim que ele vinha, cínico, atravessador, a ninguém poupando ou aturando, nem a juiz, como se dissesse: "te conheço: sei quem és" — o certo da culpa, gesto indecente e ameaçador, de assustar policial — seu poder vinha do cheiro de camaru que arrancava da vítima fácil confissão antecipada, sim, enfraquecia e anestesiava a gente, nos dando um sono sob seu pulso, que se sabia dele em quem nunca se pôde confiar — impondo mole aquilo que o sustentava nos seus sangrentos desígnios e poderes, saberes e prazeres, o que encontrava no fundo de nós-mesmos, arrancados e submetidos à acessibilidade, ah, o bruto, mas fundamental, da impressão fugidia para a certeza, correta e culposa, que coage, que oprime, na lógica da nossa tenebrosa região infantil, a revelar-se, impelida, à força hipnótica, para fora, para novas submissões, e sorrisos, se infiltrando nas fendas do poder de onde imperava, ardiloso e interno, na interseção vazia e na interdição da resposta, na inversão das forças a ré, malandragem desmascarada, única nobreza, qualquer dignidade sobrevivente: "Diga sua verdade" — era a linguagem da ordem de seus olhos no risco do seu sorriso sensual e perverso, sublinhado por esboço de pecado que nos fotografava, que nos dizia, no espelho avaliado das baixezas. Paxiúba era bom de não se encontrar de repente, na estrada deserta. Exigia prudência, medo e prática muda da obscura familiaridade com a ternura se via na transmissão de seu segredo. Em uma palavra: explícito. Quando se retirava, a gente se persignava. Porque se efetivava guerreiro de épocas irregulares, de tempo inverso, remotíssimos mecanismos ardilosos, das possibilidades do corpo, privilegiadas, inusuais, capazes de muito realizar, sedimentando o músculo vivo e assumido. Paxiúba, emblema da Amazônia amontoada e brutal, sombria, desconhecida, nociva. E a montaria, transpostos os espaços da vigilância, esbarrava nela, na prancha do cais onde Zilda lavava roupa branca e pura, iluminada, a espuma saindo e se indo assim de sabões e bolhas de vidro, se esparzindo na bordadura branca da superfície do rio espelhado de sol e na purificação religiosa da água.

Nem o sabia naquele dia, Zilda, de costas, atenta à trempe, e concentrada, individualizada — e vapt! — batia a roupa contra o tabuão de branco sabão para esparzir no ar o acúmulo e amontoado de bolhas voadoras e coloridas, vaporizadas, elevadas, explodindo em pequenos pânicos. E o regular da urgência daquele olhar a assustava e acamava, como a chegada da doença, da morte, na volta galopante, no ódio, no nojo, no asco e escarro gosmento. E a voz que ouviu, na revoada de sons, de índio, dicção de um fenômeno conivente, curiosamente fino, de metal, de agulha, na elevação vibrátil, tanger e soar de arpejos e cornetas afirmativas, e básicas de violino e cravo, um conjunto contínuo por trás da soberania de relinchar de cavalo excitado e rico em crinas pretas e oleosas, voz que não sabia de onde vinha, como de todos os lados e não da boca, e já repercutisse na contramão, fora do espaço em torno, mas tão logo forte saísse de dentro do ventre, e geradora, à medida que existia em meios de morno e pesado, suplicante e irresistível apelo, golpe baixo e terreno, mas galante, como cobra, que rainha se divulgava, reprodutora, gradual, detida, fundamental, molecular, nas glândulas de um funcionamento estabelecido e fecundo, tramas nervosas da musculatura do corpo dele e das urgências e necessidades primárias do medicinal, acordado e fértil, duro, tais vibrações de ssss próprias do amortecer das subsistências e defesas da mulher.

E Zilda sob aquela pressão se mexia dentro de si, incomodada, e em pânico, com asco e odioso horror, ao sentir-se tocada na hospitalar penetração da cabeça assassina e animalizada da voz, nativa do cumaru, fecundante terra — timbre autônomo e sibilante da serpente e não do agressivo mas do insistente, da demoníaca ousadia que dizia: "te conheço". E dizia: "não te podes esconder de mim".

No momento ela sabia. Toda ela sabia aquilo, o que o desenvolvimento daquela voracidade, o que o corpo estava querendo. Ela sabia o que aquilo esperava dela. Era a Doença. A guarda fechada, apreensiva, desconfiada, escondida, agachada, acocorada, devassada nas intimidades daquele som. O que aconteceu depois? Pois ela poderia ter assegurado a espingarda, que sempre ficava ali por trás do oratório de Santa Rita. Mas tinha medo da estagnação da vontade. O marido longe. O símbolo agressivo nascente. O confronto. O vestido molhado deixando nua a carnadura forte, concreta, branca, de seu seio grande e de seu corpo de mulher amadurecida e boa de parto, saia entre as pernas roliças atingidas no vasto da moral.

Devido aos Morgados, o marido fora o único seringueiro do Manixi que tinha podido trazer mulher. Laurie Costa funcionou protegido, o Bataillon gostou dele, autorizado, embora provisório. Zilda ficou lavadeira pessoal do Palácio, das roupas brancas, exceto as lavadas em Lisboa, que aquelas águas, a escória das águas, águas mendigas, encardiam as roupas. Os Morgados, acabados de vender o Seringal do Igarapé Riachuelo, por direta ordenação da mulher, D. Izabel Morgado, de medo das febres, e já aparecessem muito ricos ao se irem para Lisboa, onde ficaram, nas Amoreiras. Laurie e Zilda ainda se despediram do compadre índio Iurimã e sua mulher, a índia jovem Ianu, que foram para o Rio Ji-paraná, de onde não deram mais notícias.

Mas já no cais Paxiúba se chegava perigosamente pela frente, olhar fixo na pilhagem, e perto do fosso da malícia de onça de ódio e de bondade, armada e imediata, Zilda recuava, polarizada, armas na preservação da defesa de sua integridade contra a direção reta daquele olho corruptor. Ela esperava que Paxiúba não avançasse, que a excluísse de algum mal, pois desde aquela época ele era personalidade do Palácio, chefe do aparelho policial do Seringal, guarda de Zequinha Bataillon, diziam amigo que dormia com o menino, importância capital de bicho. Sendo que Paxiúba, armado assassino, águia e serpente, eliminava quem devia de ser, na sua função de coagir e de matar. Pois a cínica face, perversa e úmida, pegada nela, possuindo algo que pulsava nele, lambendo-se. Oh, aquilo ocorria quando ela estava só, e nas horas de tráfego solitário. Paxiúba, pistoleiro do rei. Bastava olhar, soldado policial, que ia cobrar algo, investigar, abatê-la e acuá-la, sub-reptício, excessivo, cínico, obsedante, poderoso, provocante, pornográfico, hipnótico. Perigo maior: olhava-a! Significava que via, que sabia dela, impotente contra aquele saber devastador, violentada, psicologicamente invadida e estuprada. Dissera para o marido? Não, nada dissera, prevenindo da morte o Laurie Costa, seu único bem. Ela o amava, boníssimo. Mas não tivera filhos, não pudera. E mais: Nunca sentira nada com ele. Servia ao marido. Só mulher à-toa devia de sentir orgasmo. Seria morta por Laurie se gemesse, se tivesse o Gozo. Com regularidade Laurie a cobria, vestido e separado, tentando fecundá-la. O filho seria o cimento da harmonia familiar. Ainda menina se casou, orientada pela Madrinha Rita, das melhores famílias da Vila da Serra da Mernoca, no Ceará; depois de prolongado namoro consentido. E foram-se para o Roçado de Dentro, mas a Madrinha Rita morreu, veio a crise, tiveram de vir, banidos, para o Amazonas. Laurie sempre no sério, no correto. Agora a paz infiltrada de cumaru. Nos últimos dias perturbara-se, bastando ser olhada por aquele animal para passar mal. Nas instâncias da semana a coisa se agravara. Paxiúba demonstrando certas amabilidades, cortesias, com embargamento de voz que afinal o monstro ainda era uma criança. E Zilda odiando porque ele era macho, e lia naqueles olhos o que ele estava querendo, esperando, o que suplicava e o que dizia, a saber: "Vou te esperar. Vais ficar comigo, um dia desses".

A casa de Zilda era um tapiri de um cômodo, chão de tabatinga batida, paredes e portas de paxiúba, com duas portas: uma que se abria sobre o igarapé, que passava embaixo; outra que se abria para a floresta em frente, onde ficava a caixa de cheiro sobre quatro paus. O cachorro tinha morrido, picado de cobra, deixando-a mais só. Da cozinha, que ficava na porta do mato, vinha o cheiro de feijão, no fogo. Mas Paxiúba tinha-se aproximado dela, o cheiro de cumaru sobre ela. Agora ele tinha um presente, um tucunaré grande, na palma espalmada, quase vivo. Paxiúba foi o maior pescador da Amazônia, por feitiço, olho de cobra, das hipnóticas e horrorosas. E Zilda pelo tucunaré quase feliz sentia aumentar seu ódio, que nascia brutalmente. Era a primeira vez que odiava alguém, por isso se persignava, arrependida. Perto do rapaz sentia-se nauseada, contraía a boca de enojo, de enjôo de coisa nojenta, gosmosa, de grossa goma como o látex, a boca se enchendo de cuspe, que cuspia quando o rapaz chegava nela, o que estranhamente para o bugre parecia satisfeito, como se ela cuspisse de amor. Ela, porém, nunca o olhava direto, temesse vê-lo, colhida pelo olhar medroso seu no seu desejo, de modo a não receber de frente e ver algo ameaçador. Mas vinha ficando assim, nos últimos dias um tanto lesa, de bestialógica leseira, tonteira de feitiço e de azar no sorriso dos lábios do bugre nela, paralisada sem forças, anestesiada sem armas, inútil apesar da cara feia e do beicinho que conseguia fazer na força de ter, no delírio — pois aquilo era um delírio — que tonta mergulhava num reflexo nulo contra si, que no fundo começava a ter, a despertar certa irresponsabilidade e atração, no lastro de desconhecida loucura e de inusitado cheiro, que do corpo dela se exalava, assim como se tudo o que o rapaz representava para ela a contaminasse, qual seja, a força do poder do Palácio Manixi, o esplendor e a riqueza do Seringal, na sua orgia de luxo carismático — Paxiúba, irmão de Zequinha, filho de D. Ifigênia, sua patroa, e tudo aquilo ressoava nos seus sonhos antagônicos, em tudo avesso e o Outro de sua vida, ingrata e destruída, sem tido tino e agora sem destino, ali, desvalida, perdida, vadia, no Amazonas, dos mais longes mundos, e sabia bem que do corpo do bugre, principalmente do tórax largo e de seus bonitos ombros se exalava o calor do poder dos Bataillons, como se fosse ele o firme e forte ferro da potestade e da glória do capital, cheiro esse, de cumaru vertido, sabendo a azeite, contaminada, também em si sentia, como odor do amor, mel do corpo do amor insabido no meio do sabão da pele.

Então o que se passou foi o seguinte: que Zilda, não o podendo rejeitar, recolheu o peixe da palma daquela mão, sem a tocar e agradecimentos, e se levantou da trempe com decisão, deixando ali a roupa nos seus sabões e se foi, reta e depressa, e em casa destampou a bilha e bebeu um caneco de água de canto, que sufocava — mas foi quando viu, em pânico, ali e demonstrando-se, aquele macho já na casa dela, sem que pudesse reagir, que passava mal, enovelada, palerma, segurando-a com firmeza pelos pulsos daquelas mãos enormes, quentes, já deixando inteira, que quando ela resolveu gritar o grito não saiu, e desmaiou ela no momento em que se enlaçava nele, indefesa, bêbada, boba, lavada e enjoada, sufocando... Oh!, dor das dores! Oh!, derrota das derrotas! Ai, ai, ai, fraqueza da humana condição. Que: "calminha!" lhe ia dizendo o bugre com voz doce... "Seja boazinha", lhe suplicava, sussurrando muito baixo, no seu ouvido, acrescentando: "Quietinha, meu amor". Demônios!, que embaladora era aquela voz meiga e dócil, pela vítima, horrorosamente dócil!, ela sangrando por dentro, desigual, contra monstro de tão múltiplas iniciativas e recursos que encontrava dentro de si um demônio traidor, do inimigo aliado, no escuro escondido, vendo ela quão inútil era reagir, se debater, vaga, o inimigo se impregnando, na contração maior das forças desconexas. O grito foi rápido e terrível. Poderia ter sido ouvido no Palácio Manixi se por lá tivesse sido ouvido. Era como se estivesse ela sendo engolida viva. Era o grito do oprimido, do desespero, do horror do encontro das forças inimigas...

No dia seguinte o marido de Zilda estava morto, o fígado transpassado por uma flecha.

Pois, depois que Paxiúba foi-se embora e lhe dizendo "obrigado, meu amor", ficou ela estendida no chão e nunca iria terminar quando uma penca de banana colhida além do risco dos limites dos Numas e de seus sinais marcados nas sombras das margens do Igarapé do Inferno — o marido lhe trazia da estrada, e bem ali, cozido, perfumado e preparado em salsas o tucunaré de ervas finas belo peixe, rei da Amazônia.

Que mais? Por quê? Pois, no inesperado do dia seguinte, quando nem tinha podido ver de onde partira, e porque o marido quebrara a lei e rasgara o véu do limite, foi assassinado de súbito no limite que a Amazônia determina sobre as direções, para a direita e para a esquerda, limites dos Numas que ali estavam e que avançavam, encontrando em tudo a origem, e em todas partes realizando o curso de sua trama de nós que nada revelavam de si e a si mesmos sustentando, em veios de sangue que a cobriam, à Amazônia, na sua troca, na sua volta, na sua de tudo não sabida grandeza. O corpo foi jogado em frente do Palácio, como aviso. E naqueles mesmos dias ocorreram grandes fatos em outros lugares e horas, históricos e decisivos para a sucessão desta ficção e que relatarei no momento oportuno, mas que para tanto ainda tenho de revelar surpresas de muitos outros ocorridos.

CINCO: FERREIRA.

Pimeiramente avisto o Palácio.
O dia está nascendo. Há uma cena na varanda, algo se representa lá. Pierre Bataillon e Ifigênia Vellarde, juntos. A mesa servida por Ivete, jovem. Estou no cais, trazido pela correnteza. Entorpecido, meu corpo quase morto, toco os degraus da escada, não os sinto. Não me vêem, mas os vejo. Ali está o rei, o construtor do império amazônico, de látex, de terra e esperma, que tudo construiu com centenas de homens, operários e seringueiros. Apareço trazido pelas águas, como Moisés do Egito. Flashes fracos, aparecem e desaparecem. A imagem de meu irmão morto se projeta e se apaga em minha mente. Mas não dói. É imagem vaga, frouxa.

Bataillon é homem mais baixo e magro do que eu pensava. Bem vestido, empertigado, gestos largos, modos aprumados, nervosos, uma dignidade, uma cortesia à antiga. Nariz aquilino. Cabelos finos. Bigodinho negro. A cabeça levantada, nobre, tem aura. A gravata borboleta, o paletó de linho branco, abas e calças largas, sapatos de verniz. Parece suportar, nas costas retas, as barbatanas retiformes de um manequim retígrado, que tudo vê, tudo olha. O gesto, o olhar com que, altaneiro, superior, soberbo, se dirige aos demais, soberanamente, por concessão real. Atrapalha. Representa. Apesar da estatura baixa, é como se olhasse de cima, de um patamar superior. Sim. Há polidez e dignidade, ali. Ouço-o falar um português erudito, postiço, livresco, clássico e impostado, mas fluente. Pego pedaços de falas... deu à luz a um filho chamado... ficou convencionado que... O terno branco brilha. Bem talhado. Camisa de seda, suspensórios, colete, um John Bull de ouro maciço atravessado, preso por uma corrente de aros duplos, pesada, platina e ouro. Ele é um homem de vitrine, de museu, arrumado. Na cintura há um Smith de níquel e prata, cabo de marfim. Dizem que ele atira bem, como um militar, que coleciona armas, revólveres, carabinas, arcabuzes que entulham a Sala de Armas da sua tropa de choque.

Não sei por que Pierre Bataillon quis que eu ficasse, trabalhasse com ele. Gostou de mim.

Mas agora sai do portaló do *Comendador* uma visita. É um jovem advogado, etiqueta profissional recém-revelada na cidade de Manaus. O *Comendador* é belo navio, comprido barco branco. Pertence ao rico Comendador Gabriel Gonçalves da Cunha, pai da Glorinha, ou Maria da Glória, a Lambisgóia, mulher do jovem advogado que chega. O *Comendador*, muito branco, contrasta com as várias tonalidades do verde e do azul ao redor, do verde-musgo craquelê, dos cipós-de-cobra, do esmeralda, ao cobalto das águas, à cobertura azul do céu. O advogado sai rindo do portaló. Chama-se Antônio Ferreira. É agente e sucessor dos negócios do riquíssimo velho. Parece um menino. Meninão branco, mãos delicadamente tratadas, cabelos anelados, negros, caindo aos cachos sobre os aros de ouro dos óculos. Terno de cambraia, chapéu Panamá, sapatos de bico fino, pretos. Um dândi. O sol bate e nele se vê as formas de um corpo forte por baixo da fazenda fina, as pernas grossas, as nádegas cheias. Os olhos brilham, fuzilam jovialidade, explodem de alegre e enérgica fantasia, sublinhada por permanente sorriso adolescente, ingenuidade e malícia, inscrita nos lábios sensuais. Criança carente. Cara de menino, de bandido, de assassino. Simpático, educado, sociável, exibido. Ferreira foi o maior propagandista de si. Não eram as mulheres o que ele deveras amava, mas a Glorinha, e todos o fazem por diversos modos a seu dispor. Suas ambições nela se concentravam. E apesar de filho de uma família de classe média humilde, foi erguido ao podium, casou-se com a Lambisgóia, ou melhor, com a mais sólida fortuna da terra, que o jovem soube como ninguém se fazer amar pelo sogro, que viu nele a personificação da inteligência, lealdade, do valor, que o igual entende o igual, e quanto mais corrupto mais leal ao tipo de capitalismo ali praticado, na época, e o velho o amou durante toda a vida, como a um filho, mesmo depois que ele se separou da filha, conforme vai-se ver. Glorinha alta, magra, enfiada, esquelética, pálida, dentuça, nariguda, feiticeira, ossuda, ilustração de livro infantil. Quase imbecil. Na noite de núpcias fugiu, com alarde e escândalo, do noivo — o que denunciava sua posterior alienação — chorando, para a casa dos pais, com medo assustada, em pânico, crise nervosa.

Até a palavra era censurada naquela casa, em que se testemunhavam cegonhas com encantadores bebês nas fantasias dos sonhos de uma menina trancada, imbecilizada, deformada por um pai feroz, que nem as vizinhanças da rua podia espreitar, para acontecimento trivial, que tudo era, que tudo tinha de ser escondido da Glorinha, criada como um monstro, só saindo em coorte dentro do carro fechado e afofada em algodões e babados de purificadas, aniladas, assépticas saias brancas de uma legião de solteironas tias e da recatada, severa, vigilante mãe, D. Martha, que tudo via, que tudo queria saber, até da direção do olhar. Escondida nos cantos e pontos da casa, nervosa e abalada, abatida, pálida, não aparecia nunca, com medo de tudo, não freqüentava ninguém, embutida nos seus temores até o seu triste fim. Meu Deus! Quando alguém chegava, ela se recolhia, alegava enxaqueca. Nas raras vezes que ficou na sala, restava sentada, calada, curva, sem nada dizer, olhava apalermada para todos, concordava com tudo que se dissesse, sorria vagamente, longinquamente. Glorinha não falou, não brincou, não odiou. Toda a sua subjetividade passiva, medo, terror, obediência, silêncio. Exemplo da educação manauara, fala-se que ficou virgem até o fim, que Ferreira não a violentou. Ele, talvez, a amasse. Ela era o patrimônio vivo da imensa fortuna, da influência, do poder político do pai, poder crescente, dono da classe política, grande líder, cacique, cruel assassino, corrupto, corruptor daquela época de esplendor e glória do ouro da borracha amazonense.

ESSE é o jovem que vemos sair do portaló do *Comendador*, que desce no cais dessa manhã de domingo; e são diferentes as manhãs de domingo, no Seringal: os coletores vêm, por princípio, por necessidade, por nada, por mecanismo de corda para a Sede — que é o barracão, saiba bem, não o Palácio, residência isolada da família Bataillon, de onde ninguém se aproxima — vêm eles aviar as pélas, trocar a produção por víveres, pois poucos vêem a materialidade do dinheiro, buscar um quarto de cachaça fiada para o beber solitário. Sinistros, pesadamente armados, passam homens do Coronel. O ar cheira a caxiri. A baía do Igarapé do Inferno, interseção de dois planos, espelha, rachada, gritos das copas das árvores. Duas prostitutas peruanas chegam, de canoa. O movimento dos homens, dos barcos e das máquinas dão vida ao lugar, que transborda de agitação domingueira, que esta é uma manhã de domingo, apesar de tudo.

Percebo, na contraluz brilhante do vão da porta, uma figura humana. É o Coronel Bataillon, de colarinho duro, gravata rebelde, vermelha, o terno havana, as mãos nos bolsos, parecendo feliz na cumeeira da escadaria de mármore, olhos no fixo horizonte como rei de um mar sem limites, verde. Agora ele gesticula com o dedo indicador duro no ar, dita ordem inaudível para um curumim, o Mundico, que cabriolava perto dele e que logo sumiu em direção ao fundo da casa. Ferreira se aproxima, sobe os degraus, continua a sorrir em direção ao anfitrião, que o aguarda.

— Com que, então, por aqui ... — fez Pierre, estendendo as mãos, inclinando a cabeça à esquerda, orelha em direção ao ombro. "Você deve de ter feito uma excelente viagem, com esse tempo ... ".

— Como vai? — pergunta Ferreira, um degrau abaixo, as mãos avançando para pegar o velho.

— Explico-lhe bem — continuou Pierre. Nesses dias tem feito o melhor, para as viagens até aqui. Conheço o ânimo dos viajantes que por aqui chegam. Cerca de quinze dias atrás, choveu soberanamente. Um dia de dilúvio. Se você viesse ...... (o acento soa afrancesado). Pierre conduz o jovem pelo braço. Entram lentamente. No meio do espaço, porém, Pierre pára, imóvel. Depois ergue os braços, teatral. E volta-se. Aponta o céu com a ponta do dedo: "Veja aquelas nuvens. O tempo mudou. São cúmulos em formação. Hoje à noite a floresta exalará o seu perfume de sabonete silvestre. Amanhã, as águas ficarão frescas e claras ... São as chuvas, par-dessus les autres. A água lava a água, não a turva de lama, como no Solimões. Tempo celestial, com o beneficio...". Nada mais ouço, os dois entram e somem além do portal. Uma ararapiranga, vermelha e amarela, pinta no céu sua pincelada lendária.

Quando à tarde os dois reaparecem no terraço, perto da galeria superior, a chuva já tinha passado e duas crianças se banhavam no Igarapé do Inferno em frente, na linha de visão da estátua elevada no pátio, de Stiasny, chamada "Esplendor da Amazônia", alegoria da extração do látex, encomendada por D. Ifigênia Vellarde em Paris em 1894.

— O senhor tem a felicidade de viver entre obras de arte, disse Ferreira.

— Obras? Estas? — Pierre estocou, olhinhos de cobra. "As artes, meu senhor, corrompem o espírito e os costumes. São acúmulos de impurezas. Só o contato, a relação direta com o mundo natural, a selva ... ".

— O senhor não prefere o mundo civilizado? Ferreira perguntou.

— Ao mundo bárbaro? (Pierre exultava:) A expressão da maldade, da maldade acumulada pela cultura, isto tudo, essa coisa toda não é bárbara? A desigualdade não é bárbara? Veja o senhor: estou implantando aqui, no Manixi, a Democracia Social. Veja este meu cão, o Rousseau. Eu o amo e, por isso, ele me é fiel. Protege-me, e por isso o amo, e me sinto protegido e amado. Que significa isto? Que é este cão? Nele se encontra o traço que separa os dois mundos, os sentimentos puros dos corruptos. E o senhor confia na pureza do coração? Confia?

Ferreira olha para ele como para um louco. Percebo, pelo olhar, que está apavorado. Como para acalmar o outro, pergunta:

— Quando seu filho volta da Europa?

Como se nada tivesse ouvido, Pierre continua falando: "Você já viu a, bordada em puro ouro, Cattleya Edorado, no fundo final da floresta? Conhece a famosa, rara e insuperável Cattleya Superba?".

Os dois curumins são vistos e ouvidos e gritam como gritam pássaros. Estão na direção do olhar da estátua do átrio. O "Esplendor da Amazônia" é uma dama art-nouveau de mármore branco, e dança com um cesto sobre o ombro, representa a fertilidade, a riqueza, a abundância do látex. Ela está coberta de terra e esperma salpicada de látex. No cesto está plantada a muda de seringueira viva. A planta já sobe um palmo. Ferreira repara naquilo. Os dois estão no terraço. Pierre segura a crista exterior do parapeito, vejo o brilho do seu anel armoriado. O terraço é a parte velha da construção. Quatro cariátides encaram os tons verde-amarelos, amazônicos. O papa-cacau, no poleiro, grita.

Bruscamente, incompreensivelmente, irrompendo com fúria e fulgor como Febo no horizonte — alta, forte, violenta, vigorosa, portentosa índia maacu, como uma deusa, surge, aparece, explode pela porta e tem os braços tatuados de vermelho e azul, e quase nua, envolta num manto de seda prateada e em chamas brilhantes como o céu. Ela traz, redonda, espelhada nas mãos, como se fosse o próprio sol, uma bandeja de prata dourada, incandescente, impossível de ver, milhares de megatons acima do suportável, o serviço de café e licor, de bacará rosado — um choque, Ferreira fecha os olhos cego pelo relâmpago de diamante, e ela deposita a bandeja na sua frente, quase no seu colo, sobre uma mesinha de mármore brecha vermelho plantada ali sobre um tripé de ferro floreado, feminino, num gesto da oferenda de simbolismo francês, um ramo de musácea, exótica estrelícia de lá, de pétalas retas em forma de pássaros comprimidas em cristas laranjas de inspiração art-nouveau, viva e em cima da felicidade equilibrada entre impulsos elegantes, entre sutis meditações do nó, do sarugaku acrobático, aéreo — Ferreira está tonto e não consegue compreender a mais bela das mulheres, das amazonas maacu, bronze puro, Diana saída do Teatro Amazonas, visão adocicada das delícias na suntuosidade do panorama, e no contágio, no inebriante que recende a romã, a inhamuí, a panquilé, que deve ter saído do banho de rosas, cabelos na fragrância do vento, força, paixão, limpeza e puro amor de um ser jovem, de vinte anos, que irradia viço, brilho, poder, Ferreira a vê da cadeira de palhinha, baixa, a força, a selvagem cor daquelas pernas longas.

O almoço fora servido por Maria Caxinauá, a índia parecia velha como a floresta. A fresca maacu expõe seus braços à imaginação do olhar. A seda acentua e escorrega como cola gosmenta. Naquela hora tudo escorre. Morna, preguiçosa, sensual. O igarapé esmalta em velocidade invisível, na passagem oleosa. Silencio. Rio de óleo. Chama-se "igarapé" por economia geográfica, por seus estreitamentos, sua foz escondida entre duas grandes sumaúmas. "Do inferno" significa "dos Numas", de onde vem, do leite do látex e dos índios. A concentrada riqueza. Pierre Bataillon descobriu aquele rio em 1876. A extração amazonense dobrava, a cada década. De 1821 a 1830 eram 329 toneladas. Na década seguinte dá-se a expansão: 2.314 t. De 41 a 50, 4.693 t. Grande desenvolvimento de 51 a 60: 19.383 t. De 71 a 80, 60.225 t. Após a sua chegada: 110.048 t! Até aquele ano Pierre conseguira extrair cerca de 20 mil toneladas, amealhando uma fortuna em libras, explorando quase 500 homens que se espalhavam numa região onde caberiam alguns países europeus. A maacu olha. Ferreira se sente atravessado por um calafrio mortal. Sente frio na hora de maior calor. As carapanãs e as moscas sanguessugas zunem nos ouvidos. Os piuns incomodam muito. O calor é pesado, úmido, adocicado, de jenipapo e mel. Amolece. Fantasias, devaneios, delírios, sonhos. Aquela era a primeira viagem de Ferreira ao interior. Ele e o sogro queriam o Seringal, armavam os complicados lances de um jogo de xadrez comercial. Ferreira parecia cansado da viagem. Pierre soltava fumaça no ar. Era só cautela e espera. A qualquer momento, surpresa. Agora Pierre começava a falar dos Numas. Ferreira passava do desejo ao temor. Olhava com pavor para as árvores, como se temesse surgir um monstro. Pierre parecia calmo. Anulava seus fantasmas, as pernas cruzadas, como num café parisiense. Por que aquele homem não arregimentava sua fortuna e voltava para Paris? Pierre, o inesperado. Sua ambição era o antídoto contra o tédio amazônico. Desafiadora, Ivete (que assim se chamava a índia, Ivete Romana) considerava o jovem de longe. Ela, desafio e indução. Ferreira tossia, compunha-se na cadeira. Ivete movimentava os olhos com a elasticidade de serpente, devastadora e tátil. Ferreira recuava na cadeira, sentia-se tocado. Através das colunas de pedra do parapeito se descortinava o excessivo panorama daquele estilizado painel amazônico neo-rococó, entrelaçado de gavinhas e ramificações. A floresta fechava seu abraço. Mas o moço tentava sobreviver, na plenitude do anfiteatro das copas das sumaúmas pré-colombianas. No Juriti Velho havia uma árvore de 60 metros de altura. O edifício todo se encastelava, encapsulado de civilização da humanidade européia. Estava onde não chegavam os saberes constituídos. Como que traído, Pierre vê a possibilidade de neutralizar o visitante. Espera tirar o secreto motivo que o trouxera ali. Adivinhava cordialidades ameaçadoras. Precata-se em suas cautelas, conversas, narrativas. Os curumins brincam na ubá atracada. Fecham o nariz com dois dedos, pulam de pé. Depois correm pela margem. Estrídulos, incessantes, como um bando de periquitos. Mundico, o maior, é filho da Isaura, cozinheira do Palácio. Ela tem dois filhos de pais diversos. O segundo filho não está ali. Chama-se Benito Botelho e está em Manaus. Benito foi o maior intelectual amazonense. Quando menino, atacado de varíola, Benito foi levado por Frei Lothar, que se afeiçoou a ele. Acabou criado no Vassourinha, orfanato do Padre Pereira, pois Frei Lothar nunca parava muito tempo em Manaus. As moscas zumbem, malignas, no silêncio da tarde. Desfia vertigem o igarapé entre árvores. Não há ninguém nas adjacências. As árvores paradas. Profundas. Imersas no êxtase verde, no calor, na eternidade, na fecundação da tarde. O espírito do jovem jurista está com a índia. Um papagaio nacionalista quebra o silêncio do espaço e esvoaça em direção à outra margem. Papagueia esganiçado, com alarde de si, alarido e escândalo. Aparece, na curva do rio, um remador silencioso que cumprimenta o Palácio e lambe com o remo a lâmina líquida da superfície das águas. Na sucessão de novas ocorrências, aparece um belíssimo macaco-leão. Muito pequeno. No mamoeiro, perto do terraço. Começa a descer. Pula para o parapeito. Olha para os homens sentados, imóveis. Volta para o caule. Pára. Olha para cima, teme o céu. Olha para baixo, teme os patos. Olha para mim. Aquele macaquinho olha com toda a porção da cabeça, não apenas com os olhos. Depois desce, muito rápido, num risco do ar, desaparecendo no pátio dos patos. Agora há um cheiro de matrinchão, odor de pimenta e tucupi. O ar é tão oxigenado que fico tonto. Cai a calma. Penetra os poros. Vaporosa, gosto tranqüilizante. A estática, a impassibilidade. Um obscuro deus dorme, no inominável, no universal, imerso, incompleto, pré-histórico há um milhão de anos, desde que aquilo era mar. Estamos a 3.100 km de Manaus. Gabriel Gonçalves da Cunha comprara o rio Jordão e toda a margem esquerda do Igarapé Bom Jardim, até o Igarapé São João e um furo do Igarapé Cruzeiro do Sul. Isolava o Seringal Manixi. A cotação da borracha amazonense sobe na Bolsa de Londres. Aumenta a produção dos pneumáticos. O Amazonas, único produtor de látex do mundo. Manaus rica, copia Paris. Comerciantes enriquecem. Ostenta o Teatro Amazonas os seus espelhos de cristal. Os milionários jogam cartas com anelados dedos pesados de diamantes, arriscando fortunas no Hotel Cassina, no Alcazar, no Éden, no Cassino Julieta. Telhas de Marselha ao luar na

Rua dos Remédios, na Rua da Glória. Arquitetura art-nouveau do palácio de Ernest Scholtz — depois Palácio Rio Negro, sede do Governo. Arandelas, bandeiras, implúvio. Intercolúnio. O cunhal, o lambrequim, a voluta, o capitel, a cornija. Arquitrave. Barrete de clérigo, adufa, muxarabi, água-furtada, muiraquitã, envasadura, aleta, estípite. O enxalso, o frontão de canela. Galilé. Pequena Manaus, grande Paris! Lojas, magazines, charutarias, livrarias, alfaiatarias, ourivesarias. Bissoc. Pâtisserie. Du sucre, des fruits, de la crème.

A la ville de Paris, Au bon marché, Quartier du temple, Damas do Gabinete Villeroy, Casa Louvre, Livraria Palais Royal (na rua Municipal, n^0 85, as novidades literárias), Livraria Universal, Agência Freitas, Casa Sorbonne (dentro do Grande Hotel), a Confeitaria Bijou, a Padaria Progresso. Faroletes de pedra de morona e de puraquequara. A bela Villa Fany, luxuosíssima. O Cais dos Barés, a Biblioteca Provincial (que incendiou fraudulentamente, para destruir os Arquivos Públicos, nos fundos). O prédio dos Educandos Artífices que deu nome ao bairro. *Amazon Steamship Navigation Co*. Um prédio importado, peça por peça, da Inglaterra: a Alfândega, montada aqui. Outro, projeto do próprio Gustavo Eiffel, de ferro: o Mercado Municipal. Um Serviço Telefônico serve a cidade. A eletricidade ilumina as ruas de Manaus no início do Século, talvez das primeiras cidades brasileiras a ter este serviço. Calçadas da Praça São Sebastião, em pedras portuguesas pretas e brancas, em ondas que alegorizavam o "encontro das águas" do Negro e Solimões (posteriormente imitadas na praia de Copacabana). Bondes elétricos da Manaus-traways. Bebe-se Veuve Clicquot. Truffes, champignon. Huntley & Palmers, Cross & Blackwell. A Cork, a Pilsen, o Bordeaux, o fiambre, o Queijo da Serra da Estrella. Lagostas, a Goiabada Christalizada. Charteuse, Anizette. Champagne Duc de Reims. O Vermouth. Água de Vichy. Leite dos Alpes Suíços. Casacas inglesas, o H. J., o pongê, o filó. Bengalas de castão de ouro. Cartolas, luvas, perfumes franceses, lenços de seda. Pistolas de prata e cabo de marfim. Gramophones de Victor. Discos duplos de Caruso. Casas aviadoras. O Amazonas participa da Exposição Comercial de St. Louis, no Missouri, e posteriormente da Exposição Universal de Bruxelas, onde ganha 32 medalhas de ouro, 39 de prata, 70 de bronze, 6 Diplomas de Honra e os 13 Grandes Prêmios. Manaus-Harbour. Tabuleiro de Xadrez. Óperas, óperas, óperas. Diariamente. Prostitutas importadas. A Cervejaria Miranda Correia.

A Praça da Saudade. O Roadway, o Trapiche. Sífilis. Malária. Vidros de Quinino Labarraque. Óleo de Fígado de Bacalhau. Vinho Silva Araújo. Regulador da Madre. Pílulas Rosadas. Café Beirão. Winchesters, cabo encerado de mogno. Asilo de Mendicidade (construído pelo Comendador). Ponte da Imperatriz, Igarapé da Cachoeira Grande. A Serraria, no Igarapé do Espírito Santo. Banhos no Igarapé das Sete Cacimbas. Buritizal. Jogos, no Parque Amazonense. Ida a Barcelos. Noite no Jirau. Muro do Leprosário do Aleixo. No recanto — o Chalé. Vista da Bomba d'Água. Viagens. Linhas. Manaus-Belém, Manaus-Santa Isabel, Manaus-Iquitos, Manaus-Marari, Manaus-Santo Antônio do Madeira, Manaus-Belém-Baião. Gonçalves Dias no Hotel Cassina. Coelho Neto no palacete da rua Epaminondas. Euclides da Cunha no chalé da Villa Municipal. *O Amazonas Comercial, O Imparcial, O Rio Negro, Jornal do Comércio.* 126 navios trafegam no interior do Amazonas. Vaticanos, gaiolas e chatas. Inaugura-se, às custas de 3,3 milhões de dólares, o Teatro Amazonas, em 1896 — a mais cara e inútil obra faraônica da História do Brasil, milionária e importada, com painéis, centenas de lustres de cristal venezianos, colunas de mármore de várias cores, estátuas de bronze assinadas por grandes mestres, espelhos de cristal bisotados, jarrões de porcelana da altura de um homem, tapetes persas — tudo o que, aliás, em 1912 desapareceu, esvaziando-se o Teatro para transformá-lo num depósito de borracha de firma americana. Ali o erário público foi enterrado em 10 mil contos de réis: o Teatro Amazonas custou o preço de 5 mil casas luxuosas. O dólar a 3 mil réis. Por 900 contos de réis se constrói o Palácio da Justiça. E por 1 mil e seiscentos contos de réis se constrói o Palácio do Governo; nunca concluído. O Teatro custou 10 mil vidas. Sim: Em 1919 ao Amazonas já tinham chegado 150 mil emigrantes. A borracha naqueles anos foi tão importante quanto o café. O Amazonas exportou 200 mil contos de réis em borracha, contra 300 mil contos do café paulista na mesma época. Em 1908 é fundada a mais antiga universidade do Brasil, em Manaus, com cursos de Direito (o único que sobreviveu), Engenharia, Obstetrícia, Odontologia, Farmácia, Agronomia, Ciências e Letras. Nessa época 12 milhões de francos franceses sumiram, roubados no Governo de Constantino Nery. Encampa-se, fraudulenta e inutilmente, a *Manaos Improvements,* por 10.500 contos de réis — o preço do Teatro Amazonas. A história do Amazonas é um acúmulo de loucuras corruptas.

NAQUELA tarde Antônio Ferreira ressonava na rede, sonhava com grandes extensões da terra devoluta, florestas, lugares secretos aonde nenhum civilizado chegara — rios, cachoeiras, pedras, montanhas, além, além daquele horizonte, indefiníveis, lá, depois do cortinado de esmeraldas e de nuvens da margem esquerda do Igarapé do Inferno — Aurora, Itamaracá, meandros do rio Jordão, em prata e ouro escorridos, cabeceiras do Igarapé Bom Jardim, à Sudoeste, já em terras peruanas na direção do Rio Pique Yaco, e fantásticos, deslumbrantes eldorados...

Acordou. Uma leve pressão sobre a perna esquerda, alguma coisa batia ali, como pluma, no meio do esplendor da riqueza do seu sonho, tocava seu corpo com veludo. Ele viu a aranha, peluda e vermelha, cerca de 15 cm de diâmetro, mortal, subindo por sua coxa, mas logo a maacu Ivete a afastou com um pedaço de pano, venenosa — rara e feroz — a acanthoscurria atrox! — pulou para o parapeito, rodou sobre si mesma, levantou as patas dianteiras em atitude agressiva, defesa, arrepiou-se, e desapareceu. Para acalmá-lo, a índia se sentou na beira da rede. Olhou para ele e riu-se, debruçando-se sobre seu tórax. Ferreira segurou fortemente a cabeça da índia e puxou-a para si. Ela avançou num surdo gemido selvagem. Do beiral do telhado uma águia alçou vôo, ganhando os espaços azuis. Era um gavião-de-penacho uiraçu.

— EM 94 meu filho ganhou a ama Maria Caxinauá, uma índia um pouco mais velha do que ele, que na época tinha quatro anos. Cresceram juntos. Quando o menino fazia alguma travessura, a ama era castigada em seu lugar. Ifigênia batia duro, mas a índia não gemia, não chorava. Parecia não sentir dor. Não confio em índio. São traiçoeiros, cruéis, vingativos, capazes de vingança, mesmo depois de anos. Mas Ifigênia não me ouvia, não acreditava.

Pierre soltou a fumaça, antes de continuar: "De três em três anos os pais da índia vinham buscá-la, a pretexto de que ela não se esquecesse da tribo. A índia ficava um mês no acampamento e voltava, magra e doente — não gostava, diziam os pais, de ficar longe do Zequinha...".

Por muito tempo ficaram silenciosos, enquanto se ouviam os quatro acordes da mãe-da-lua, saídos da escuridão e do silêncio da noite. Antônio Ferreira aspirava rapé. Tinha o cabelo penteado, liso, partido ao meio, ao qual se juntava suíças longas, que ele acariciava.

A sala de música estava vazia. Eram poucos os móveis ali, o pequeno Pleyel, de cauda, a mesa, quatro cadeiras e o armário dos violinos, fechado. Pierre ofereceu um charuto e disse: "Até que, naquele ano, apareceram os Numas ...". Aquele aposento ocupava uma posição separada do Palácio. Ninguém podia entrar, sobretudo quando Pierre tocava. Os dois homens fitavam a mesa que os separava. Havia uma garrafa em cima da mesa, dois copos. Pierre suspirou. Os seus olhos idosos estavam perturbados com a reflexão a respeito do passado remoto. Sua face alongava-se. Levantou os braços para o alto, permaneceu em silêncio e olhou o outro de maneira ausente:

65

— As histórias que lhe vou contar são absurdas, não lidam com problemas humanos, mas com um reino diferente do nosso.

Ferreira esforçou-se para pegar o copo e beber. Foi sentindo o luxo do bacará daquela taça que ouviu o que se segue:

— Em novembro de 1905 os Numas apareceram e começaram a caçar os Caxinauás. Apareciam todos os dias. Nunca houvera aquilo, nunca os Numas, tão próximos, e ferozes. Era a seca, a vazante. Tive de tomar providências enérgicas. Agrupei os Caxinauás no Quati, desloquei homens armados. Depois de mansos, os Caxinauás ficaram indefesos. Eles vieram logo, esconderam seus pertences. São mestres nisto, na arte de guardar, de esconder, de camuflar. Podem fazer desaparecer canoas inteiras, enterrando-as debaixo d'água, que mesmo depois de anos desenterram. Todo Caxinauá tem sempre um tesouro escondido.

Pierre mordiscou a ponta do charuto. Encostou-se nas almofadas da cadeira Voltaire. Os painéis das paredes, iluminados por dois castiçais de cinco velas de bobeche móvel, tinham amaciado o brilho da seda marfim em que os painéis eram pintados. Numa cena do Século XVIII, um personagem mitológico se preparava para atirar uma flecha. Pierre mergulhou em cogitações.

— Sabe o que aconteceu então? — perguntou o velho.

E ficou em silêncio.

— Um furto, respondeu o velho. Fui furtado de um pequeno cofre.

E ergueu-se, levantou-se, pôs-se de pé e andou, solene, até um chiffonier encostado nas cortinas. De lá mostrou um cofre de metal. "Igual a este", disse. Era um cofre de viagem médio. Media cerca de 30 centímetros cúbicos e se formava por revestimentos de ferro certamente separados por substâncias ignífugas. Abria-se por uma chave brocada artisticamente trabalhada.

— Eram jóias?

— Não — cortou o velho. Ali Ifigênia guardava ouro. Eram libras esterlinas, de ouro, do toque de 0,900. Foi o único furto que não consegui descobrir. Depois disto os valores todos eu os guardo no cofre grande. Nunca consegui saber, Ifigênia sempre disse que Maria Caxinauá era a culpada. Na época, ela foi amarrada a um formigueiro e quase morreu. Mas nada confessou. Meu filho, quando soube, foi em sua defesa. Mesmo que eu tivesse continuado as investigações e a mandasse supliciar até a morte, ela morreria sem nada confessar. O quê?

Tossiu. Pegou a taça, encostou as costas retas no espaldar e reinou o pescoço com um puxão. Ferreira, incomodado, mexeu-se e perguntou:

— Algum empregado? Alguém pode ter ficado rico, gastando, dando sinais de riqueza...

Era como se o velho estivesse a um megaparsec:

— Ninguém. Nem pode ter sido um empregado qualquer... dificilmente foi um Caxinauá... O cofre está aqui, continua aqui, tenho certeza.

— Como sabe? perguntou Ferreira, apertando o laço da gravata.

— Por isso mesmo. Ninguém apareceu rico, e os Caxinauás não conhecem o valor do dinheiro. Além disso, é impossível para um Caxinauá viver fora da tribo. Eles constituem um povo simbiótico, um organismo só, vivo, único. Não são seres individuais. O indivíduo é o povo, a raça. Por isso foi tão fácil amansá-los. Um índio sozinho não poderia ter roubado o cofre e fugir para Manaus ou Belém. Não os Caxinauás.

Lentamente a grande porta se abria e a Caxinauá apareceu.

— Venha cá, menina — disse-lhe Pierre. E quando a índia se aproximou, o velho franziu os sobrolhos, encarou a jovem de frente e perguntou: "Você conhece Maria Caxinauá? Você já a viu?".

OS ásperos, compridos cabelos ensombravam a face com a figura da morte. As pupilas eram dadas por incompreensível aura branca, um espantoso horror. Nariz aquilino, cigano. Pele bronze escuro queimado e fosco, amassado como papel. Sujo, longo vestido azul, rasgado num flanco, sem cintura, arrastando-se no chão como uma louca num hospício. Observada à distância, era a concentração do Ódio. De perto, era o Medo, o incontrolável Pavor, olhos bem abertos. As faces murchas indicavam que perdera todos os dentes, as sobrancelhas eram ralas. Mas aquela mulher não era uma velha! Subitamente se deixava ver! A face tem arrogância, desprezo, desafio, o olhar perigo, o veneno, pensou Ferreira, apertando o laço da gravata. Hostil, aquela existência silenciosa e animal concentrava-se em si mesma, refluía em si, como serpente. Desde aquela noite Ferreira a teme. Vê a Inimiga. Pois a Caxinauá é a vingança acumulada, petrificada. Toda a multidão inumerável de índios massacrados reterritorializava-se naquele corpo. Todos os torturados, os banidos, os exterminados pela humanidade européia, os saqueados, desculturados se cartografam ali, na pessoa física e individual de Maria Caxinauá. São raças inteiras espoliadas, traumatizadas, despossuídas de seus deuses e de suas riquezas construídas durante séculos, sangradas em hecatombes, liquidadas para sempre. Contaminadas de doenças, escravizadas e corrompidas, submetidas ao trabalho escravo que consumiu o sangue de milhões de pessoas desprovidas de suas economias de subsistência, tragicamente transformadas em exércitos de massas proletárias — vinte milhões de índios massacrados no Brasil se corporificavam ali, no gesto cego de Maria Caxinauá.

NUM movimento brusco, aquele guerreiro Numa voltou-se com as mãos crispadas e gritou som próprio dos felídeos, e ouviu-se pela floresta o rufar rumoroso no chão árido e uma comoção de olhos sangüíneos sob cabelos e tremor bélico da pele. Todo o seu poder cresceu e parecia precipitar-se com o fogo que ele despejara e se alastrava na paxiúba da maloca. Sua arma de longa sombra propagou-se no ar e abriu o crânio de um jovem Caxinauá que apareceu ao lado, precipitando-o ao fundo do solo — de uma órbita o globo ocular saiu, cuspido ao chão, como um ovo cozido rolando, uma bola, na poeira da terra. Arremessou uma pesada pedra sobre o inimigo que pula como tigre ferido e acossado, e com a carne rasgada ele grita, voz de trovão castigado. Sua face crispada de ódio, seus ombros afastados, ergue o braço com a pesada arma e avança para matar como um guindaste, erguido, o casco de enorme navio retirado do fundo das águas, as águas escorrendo como baba de um muco escuro e podre. Outros gritam e correm. O incêndio se desenvolvia largo, alto, e rasga e vence o ar da noite com suas asas de fogo, borboletas abertas. Grande e inexplicável medo se abate e se apodera sobre os Caxinauás assustados por algum Deus, e sobre todos a morte ia descendo e se espargindo com funesta noite de cólera paralisante, ausente toda força e toda coragem, neutralizados. Oh!, ela estava completamente queimada, envolta em chamas, nua, mas não sentia dor ou medo. Desapareceu na direção da sombra, esperando lá com as mãos vazias o adversário que a persegue. Sim, ele vinha. E vinha com disposição de matar, com a escuridão. Procurou no agoureiro leito do Igarapé do Inferno uma pedra, mas só esbarrou com cadáveres esfacelados dos irmãos Caxinauás que o vulto do escuro sangue sepultava. O Numa tinha vindo buscar e procurava na água. Ela tinha dificuldade de limpar o sangue empastado nos seus olhos, isto que a oferecia ao inimigo próximo e audível, à sua procura, com a arma na mão. A hora era dele, do inimigo. O sangue queimava os olhos e ela estava desarmada. Silêncio. O inimigo escuta e espera a efetiva reação, mas não sabe onde estava, não a sente, e avança no escuro. Foi então que houve a intercepção de um guerreiro Caxinauá que se precipitou fugindo covardemente e foi atacado. Foi a hora de sair dali pois os dois se abraçaram para se matar e o Inferno os tragou. Ela estava mais distante do que pensava? Trezentos irmãos de raça exterminados. O incêndio iluminava a floresta e era visto do Palácio. Ela não estava preparada para o sacrifício? Frei Lothar, que apareceu de repente, a recebeu. Nunca mais olhou seu rosto num espelho. Ninguém a quis mais, como mulher.

PIERRE olhou para o jovem e tossiu. O sono já permeava os pensamentos de Antônio Ferreira.

— Conhece o Padre Pereira?

— Sim, disse.

Pierre Bataillon tinha nas mãos o Amazonas Comercial, jornal de Abraão Gadelha, adversário político do sogro de Ferreira. Aquilo era uma agressão, o jovem sentiu, consertando o laço da gravata.

O velho, com calma, cordialmente, como se ignorasse que, páginas adiante, o Comendador era brindado com adjetivos de "pulha" e "ladrão", disse: "Festa de arrecadação do Padre Pereira para o Orfanato Vassourinha, e festa de aniversário do meu amigo Juca das Neves. Vou-lhe pedir dois favores: me represente nesses ágapes ... Diz a coluna Fatos, de Ricardo Soares Filho"...

— Mas veja!, — cortou o velho, modificando a voz seca, árida, como se tivesse afundado, empalhado, cadaverizado. O jovem olhou para ele — estava pálido, envelhecido subitamente, e parecia menor.

— O naufrágio da *Bitar*! Eu não sabia! Eu não tinha lido! Oh, meu Deus!

Desde o desastre da gaiola *Izidoro Antunes*, ele vivia preocupado com os freqüentes naufrágios no Amazonas. Ele sabia de cor: A *Izidoro Antunes* só tinha realizado uma única viagem, tinha acabado de chegar da Inglaterra. Moderna, confortável, aparelhada com luz elétrica, estava cheia de mercadorias quando desapareceu. Depois disso o *Otero*, o *Perseverança*, o *Prompto*, a *Macau*, o *Etna*, o *Colomy*, o *Júlio de Roque*, o *Waltin*, o *Mazaltob*, o *Ajudante* (abalroado), o *Manauense* (adernado), o...

— todos debaixo d'água, arrastando consigo homens que desapareceram naquelas águas barrentas e escuras, maduras e de fúnebres murmúrios, indecisas, imprecisas e indiferentes, veladas de véus de lama, densas e fundas na dissolução dos líquidos da vida, na horizontalidade daqueles infindáveis rios estendidos no lento movimento do tempo

— cadáveres elementares decompostos nos alagados de vitórias-régias, comidos de peixes, lânguidos, mergulhados na matéria dissolvida da planície de salmoura

— Pierre temia viajar naquelas águas cheias de paus, troncos, bancos de areia, torrões, pedrais, salões e muiunas, rebojos, ituranas, panolas, panelões, praias, sacados, jupiás, ipuêras, baixios, cambões, caldeirões, esqueletos, praias de duas cabeças, voltas — todos obstáculos e perigos da navegação ordinária, de grande ou de pequeno calado, para navios, motores, canoas, montaria e igarités, tudo, toda uma massa de uma teoria infernal de perigos a evitar, a contornar, a vigiar, a desafiar, a temer.

Súbito silêncio de morte caiu em todo o espaço do Palácio, estático como se a Amazônia inteira se imobilizasse sobre suas telhas de Marselha. Pierre mergulhou em si e desapareceu. A mãe-da-lua emitiu suas quatro oitavas. À distância, um pescador agitou na água o pindá-uauaca.

— UM dia, disse Pierre, um funcionário de Santarém perguntou ao Bates de que lado do Rio Amazonas ficava a cidade de Paris. Imaginava que o Universo inteiro seria cortado pelo grande rio, e que todas as cidades se levantariam de uma ou de outra margem

— O senhor espera regressar? perguntou Ferreira.

— Não sei, respondeu o velho. Creio que deva, um dia. E voltando-se para o jovem com os ombros: Sabe o senhor por que vim para cá?

— Não, respondeu Ferreira.

— Por minha saúde. Tenho que viver nas regiões quentes.

Rasga a hiumara, anuncia a morte. Ferreira vê aquele homenzinho sentado, com a seringa a 308 libras a tonelada. No ano anterior estava a 374 £/t. A modificação do preço, porém, ia dar um salto para 655 £/t! Mas a queda seria brusca, em 1921 cairia para 72 £/t. Dez anos depois, em 1931, cairá mais ainda, chegará a 32 libra/t, menos da metade do preço de 109 anos antes, mesmo descontando-se a evolução dos preços e a pequena inflação. Era

73

a Morte. A decadência e morte do império amazônico. De único produtor, o Brasil passou a produzir somente 1% do que consumia. Um vulto desaparece por trás da porta, sumindo-se na galeria dos corredores. Altas paredes de estuque, a decoração pesada, barroca, o luxo surreal fantástico. Canta um jacamim no jardim dos patos. Aquelas salas se intercomunicavam numa área de 500 m². São 15 cômodos de rodapé de maneira pintada, com balaustrada de coluna e forro de frisos dourados, soalho de acapu e pau amarelo. A entrada do edifício dá para um amplo hall, ao fundo do qual está o gabinete de trabalho do coronel. À esquerda, a porta da sala de música, isolada. À direita está a alcova e a circulação da galeria que dá uma volta por trás do edifício e retoma ao fundo da sala de música, assim como o terraço, que se abre dali para a parte de trás em ângulo reto. Uma grade de ferro fecha o jardim dos patos. Pierre me convida para o café, servido por um indiozinho Caxinauá na saleta contígua. Sentamo-nos num par de cadeiras Voltaire. A cururu-bóia, perdida, agita as folhas das raízes onde se enrosca como sapo. É um café forte, pelo que Pierre passa as noites em claro, vagando como fantasma através daqueles salões semi-iluminados por velas e lâmpadas de vaga-lumes. No meio da noite Pierre toca piano, lê, caminha dentro da casa do fim do mundo. As noites são soturnas, lúgubres, envolvem o Palácio em demônios que saem da escuridão. Pierre, indiferente, anda e seus passos se fazem ouvir ao longo a galeria das portas e janelas. Ele contempla os quadros, segue a fileira das janelas de folhas duplas fechadas até o chão, pesadas, almofadadas, bandeiras guarnecidas de cortinados franzidos de filó. No galpão, o viveiro dos patos com que se protege o Palácio de cobras, aranhas e escorpiões. A lâmina d'água tenta impedir a invasão das formigas. Mas sempre se encontra uma aranha peluda em cima da cama, ou se surpreende um escorpião atravessando por debaixo da mesa de jantar, ou se depara com uma cobra, coleando no vão do corredor. Ao cair da noite se fecham portas e janelas. Em turíbulos espalhados pela casa, se começa a queimar uma mistura de bosta de vaca e óleo de anta, para repelir insetos, cheiro que impregna e caracteriza o paço. Mesmo assim o prédio é assediado à noite por nuvens de insetos voadores, que querem entrar, atraídos pelas luzes. Ferreira sente medo. Todos os homens, empregados, balateiros, caucheiros, mariscadores, tropeiros, caçadores e índios parecem demônios. A casa é terrível, sobrenatural. Os olhos do caboclo Paxiúba e de Maria Caxinauá. Os salões encortinados como no teatro, a mobília esculpida — demônios e leões — tetricamente luxuosa. Pierre abre as portas de um armário e retira uma garrafa de Black. Ferreira bebe tendo nos olhos o curumim Caxinauá perfilado à sua frente. Aquela fortuna tinha uma fonte, que era o trabalho escravo da inteira nação Caxinauá, que produzia a alimentação que Pierre trocava pela produção de seringueiros que raramente recebiam dinheiro. A pequenina figura daquele homem apareceu por fim pintada na sua verdadeira frente.

ESGARÇADOS sobre o tapete, brincam bordados com as sombras e luzes que saem da porta. Reverberações de luzes na lâmina do espelho, foco de velas nos castiçais de ferro e círios que cantam um momento lírico. Quando o coronel toca elas parecem dançar. As lembranças familiares me levam num aporte imaginativo. Minha mãe gostava de andar descalça. Desde que saí de Patos, no Natal de 97, não pensava tanto nela com tanta ternura. Há muito tempo estou aqui. Meu irmão e meu tio Genaro, mortos, se misturam às manchas inquietas do chão, à morte de todos, todos, do Laurie Costa à Maria queimada no ataque dos Numas, ao acampamento Caxinauá. A solidão do espaço vazio se disfarça. Sibilina sensação de que as portas não estão bem fechadas, de que os gonzos corniformes estão abertos, as partes de bode inscritas na coiceira sobre o batente duplo e os tridentes e cornijas riscando o quadrilongo das abas. Entro, cautelosíssimo. Atravesso a área vazia na ponta dos pés. Na parede defronte descubro uma porta desconhecida para mim e como que disfarçada na decoração. Toco-a com o dedo, sentindo-a. Experimento a maçaneta oculta, a aba cede e soa como uma vaca desazeitada. Aparecem, espaçadas, cadeiras de vime escuro; soam morcegos de vento, estrídulos chiados nervosos estilhaçam o ar da noite, pequeninos. Estou no liminar do quarto. Alguém dorme no torpor da penumbra, semi-iluminado por uma lâmpada que se apaga. Vejo então, como um coice, a figura de tordo de metal caído, a variada, a dispersa figura de um homem que dorme, potestade, submerso, grande, pernas estendidas e abertas sobre a poltrona. É Paxiúba, ele, o corpo assustador, o visível, grande, bronze, estranho membro encurvado. Sim, ele dorme como um sonho do sangue de seus mortos.

— E onde está Ribamar? — ouço a voz de D. Ifigênia que me procura. Fecho a porta e sigo para atendê-la. Durante a noite estou de serviço.

— Estou muito só, disse Pierre na despedida, mas meu filho deve regressar. Ele sente saudades da Caxinauá e de Paxiúba, completou o velho com alguma ironia. São amigos. Paxiúba é o guardião. Maria a segunda mãe e a primeira amante. José quis levá-los para Paris, mas consegui dissuadi-lo disso. Boa noite, meu amigo. Durma bem. Ivete deve preparar-lhe boa cama, concluiu ele, sério, digno, natural, estendendo-lhe a mão franca.

O Juruá é um rio de águas de barrela, de águas amarelas, barrosas, lixiviadas, que depositam três dedos de barro grosso no fundo do copo de vidro. Foi nessas águas que Pierre Bataillon e Ifigênia Vellarde desapareceram, em 1910, quando a lancha *Angelina* naufragou.

SEIS: JÚLIA.

Era no apogeu do preço da seringa, cotada a 655 libras a tonelada na Bolsa de Londres, cotação especulativa, que beneficiava o interesse das empresas inglesas no Oriente. Foi o último ano do império amazonense. Depois, o Teatro Amazonas cerrou suas portas, abrindo somente dois anos depois para Villa-Lobos dar um concerto de violoncelo, que foi no dia 12 de junho de 1912. Imediatamente à tragédia o jovem Bataillon chegou de Paris e recebeu Antônio Ferreira a bordo:

ali mesmo vendia o Manixi, menos o Palácio, numa transação comercial nunca esclarecida. José foi para o Igarapé do Inferno sem pisar no solo de Manaus, como fazia sempre.

Era Zequinha um belo rapaz, selvagem, culto, delicado, forte, corpo apolíneo mas adamado, pele de bronze dourado, misterioso, os olhos amendoados muito negros. Os cabelos finos esvoaçavam. Para alguns, um semi-índio. Para outros, um esnobe parisiense que penetrava a floresta com Paxiúba e homens sempre em busca de aventuras, como quando excursionou nas montanhas do rio Pique Yaco, na caça dos Numas, sem encontrá-los. Era solteiro e não tinha mulher, exceto Maria Caxinauá. Paxiúba dormia a seus pés, como um cão. Maria lhe dava banho. Ele nasceu no meio do rio, em 1890, a bordo do *Adamastor*, nascimento anunciado pelos pajés como o de um deus que veio de uma estrela distante chamada Thor. Em 1854, o Visconde de Mauá bloqueava as nações estrangeiras de navegarem o Amazonas e resistiu até sua falência. *O Santa Maria de la Mar Dulce* cruzava com o *Adamastor* poucos meses depois de ter nascido José e para onde, a fim de salvá-lo da malária, que dizimava as crianças da região, foi ele trasladado e transbordado com sua mãe, seguindo para Inglaterra, e de lá para Estrasburgo, onde foi deixada a criança com o tio Levy, com quem morou os anos de sua infância, primeiro na Praça Kleber n^0 9, depois em cima da *Pharmacie du Dome*, até que, em 1894, é trazido de volta ao Manixi, onde fica mais 3 anos até partir de vez, em 97, para Paris, onde morou no Boulevard Saint Germain, e de onde só retornou com 15 anos de idade, em 1905, pouco antes do ataque dos Numas, que foi em meados de novembro. Em 1906 foi de regresso para Paris, para os estudos.

A Caxinauá depois do morticínio escondeu-se e permaneceu algum tempo num capão de mato perto do Palácio sem ninguém. Pensasse morrer e não queria ser mais vista. Pierre tinha nas imediações cerca de 500 homens, caçadores, mateiros, caucheiros, balateiros, toqueiros, comboieiros, homens de campo, mariscadores, lavradores, empregados e aias. Ninguém. Ninguém a viu. Ser invisível quando quer fica mesmo invisível. Que somos alvos fáceis de suas cobras mandadas, de suas flechas, dardos e zarabatanas. A zarabatana solta um dardo muito pequeno e muito rápido, que não se vê no ar, e é muito preciso, mortal, envenenado por um tipo de curare feito do cipó uirari e dos venenos de cobras, moscas, aranhas e escorpiões misturados num tipo de ritual. Paralisa o sistema nervoso e mata por asfixia. Alguns índios usam cobras como armas. Certo Othoniel das Neves, do Juruá, famoso por suas crueldades e matanças, morreu picado pela cascavel encontrada debaixo do seu travesseiro. Pintados com ervas especiais, os índios enganam os melhores cães de caça. No morticínio Numa só se encontraram corpos carbonizados. Quase morta, Maria teve de ser levada às pressas para Manaus, com Frei Lothar e Zequinha juntos. Foi a pior guerra da região até hoje. Depois disso, Pierre Bataillon, que gostava das frases de espírito, e para levantar o moral da tropa, que começava a respeitar e a temer a força de resistência dos guerreiros Numas, apesar da incomparável diferença das armas que utilizavam, passou a chamar os índios de "novos ajuricabas", referência ao herói dos Manaús que, em 1723, enfrentou e venceu os soldados da coroa portuguesa, sob o comando de Manuel Braga.

— Agora vamos declarar guerra aos "ajuricabas", disse ele para João Beleza, ajagunçado, perverso e cruel bandido que era então o seu cabo de guerra.

Ajuricaba habitara o rio Hiiaá, na margem esquerda do Negro, entre o Padauari e o Aujurá, no distrito de Lamalonga. Quando foi salvar seu filho caiu na emboscada e feito prisioneiro da Coroa, em 1729, que o queria vivo para o supliciar com castigo e morte. No caminho Ajuricaba solta o grampo que o prende e, com mão e pés algemados começa a fazer a matança dos soldados portugueses antes de precipitar-se de vez nas águas escuras do rio Negro, que amaldiçoou. Por isso as águas daquele rio são estéreis, não têm quase peixe. Mas logo depois, Belchior Mendes de Moraes passou pelas armas 300 malocas, matando em sacrifício mais de 28 mil índios das margens do rio que passa a chamar-se de Rio Urubu. E balesteiros, sob o comando de um padre de nome piedoso — Frei José dos Inocentes, depois nome de rua de puta na cidade de Manaus — espalharam as roupas contaminadas que disseminaram uma epidemia que matou 40 mil índios arruinados de varíola, que é uma doença infecto-contagiosa, e virulenta, que apodrece o corpo ainda vivo com erupções de pus e raquialgia, pápulas, pústulas, cegueira e agonia de uma morte bacteriológica lenta, os cadáveres sendo devorados pelas moscas, piuns, carapanãs, mutucas, cabo-verdes, potós, catuquis, marimbondos, suvelas, besouros venenosos e principalmente formigas. A saúva antropófaga devora um cadáver em 20 minutos. Na construção da Estrada de Ferro Madeira-Mamoré, em 1908, os mortos largados no caminho para serem enterrados (30.430 operários internados no Hospital da Candelária) quando a locomotiva voltava só encontrava ossos limpos comidos e limpos pelas saúvas. E também a formiga-de-fogo, a saca-saia, a lava-pés, a manhura, a cabeçuda, a taioca, a carregadeira, a táxi, a tracuá e a pior, a tocandira, peluda, enorme, venenosa, uma única picada basta para abater um homem, com fortes dores e febre — e era usada pelos índios na iniciação masculina dos garotos, que tinham de enfiar o braço numa cumbuca cheia de tocandiras e agüentar e provar que eram machos. E a formiga roceira, e a cortadeira, e a guerreira, a correição. Von Martius descreveu populações inteiras fugindo das formigas. As açucareiras eram capazes de fazer recuar um exército!

Uma semana depois da morte da esposa do seringueiro Laurie Costa e imediato ao morticínio da aldeia Caxinauá pelos guerreiros Numas, Pierre Bataillon arregimentou a tropa de guerra, sob o comando de João Beleza, para fazer frente à invasão. Logo os efetivos puseram-se em marcha para perseguir o inimigo. A possibilidade de um ataque frontal por parte dos Numas não foi descartada, e fizera-se um adestramento de emergência pois que a maioria dos homens nunca estivera sob fogo e nordestinos quisessem apostar no êxito das facas. A guarnição do Manixi tinha cerca de 150 homens armados de revólveres ingleses Webley II calibre 45 e carabinas americanas Winchesters 94 de repetição de 8 cartuchos calibre 44. Vestiam-se de botas, cartucheiras, calças e coletes de couro cru, à prova de espinhos e de cobras. Os mantimentos seguiam em mulas e canoas. Recrutados, armados, mateiros caingangues rápidos localizaram o rumo do acampamento Numa e o efetivo de uma brigada avançou rapidamente em lanchões, atacando repentinamente em incursões rápidas e conseguiram vitórias expressivas, matando alguns índios e mantendo os Numas sob fogo cerrado dentro da floresta. Mas os Numas fugiram, desapareceram.

João Beleza, que era coxo, ainda os perseguiu e procurou durante uma semana, no que só alcançou velhos e mulheres com crianças de colo que não podiam correr e eram imediatamente executados. E tudo, todos foram assim assassinados a sangue frio, destampando-se as cabeças das crianças que corriam sob o impacto de balas.

UM dia João Beleza, que estivera acampado na véspera às margens do rio Pique Yaco para ali esperar o *Acre* com novas provisões, e como o dia começasse a clarear, ordenou que os comandos seguissem adiante pelo rio, avançando lentos com as mulas e canoas que carregavam pesados equipamentos de combate, quando um homem, de pele branca e nome Júlio, que ia na frente, parou e, erguendo o cão de sua carabina levada ao rosto, detonou um tiro que ecoou nos amplos ares amazônicos. Pois de um capão de mato partiu um grito de mulher na sua dor, que dali saiu correndo para a floresta, e algo, carregava uma espécie de bola que segurava com ambas as mãos no peito e ocultava dos rifles apontados dos caçadores prestes a disparar, e veloz partiu até que adiante caiu estendida no chão, morta pelo cano do próprio capitão João Beleza. No espaço entre o esconderijo da beira d'água e a orla da floresta João Beleza a abateu. Mas a índia, ao impacto da bala calibre 44, que lhe esmagou as costelas e o ombro, largou de suas mãos, de viés, no chão, saindo a rolar na descida do rio aquela bola embrulhada de palha.

ERA uma criança. Um bebê recém-nascido, que a índia tinha acabado de parir. João Beleza pegou aquilo, segurou no ar e viu que era uma menina e, erguendo-a, disse: "Vai-se chamar Júlia!" — e foi aquilo colocado no aió da mula entre as cartucheiras de balas e sobre um impermeável. Quando o comando regressou ao Manixi levaram para o barracão de João Beleza que a quis, para criar.

Oh, eu me lembro daquela menina, oh, eu me lembro! De quando ela era ainda muito pequena, uma criança de três palmos de altura e em tudo diferente que não chorava nem gemia, não falava nem fazia arruído qualquer. Não. Não era alegre

84

ou triste, um ser apenas, um ser que olhava, um misterioso ser que olhava sem medo ou espanto, como se nada vissem os negros enigmáticos olhos. Sim, que era Júlia, que não invento nem minto, — não adoecia, não pedia comida, e ficava imóvel, num canto, imóvel, não requerendo cuidados, crescendo, crescendo insólita e muda como se soubesse o que se ia passar. Quando já era menina, uma piranha do lago Quati solapou-lhe um pedaço esférico da coxa, arrancando-lhe naco de carne macia. Então Júlia riu-se, e riu-se muito, ih, ih, — ria-se ela, como se a ferida lhe desse prazer, miúda e contínua.

João Beleza tratava-a como filha. Anos mais tarde, Júlia preparava-lhe a comida, limpava o barracão, criava os animais e os domesticava. Júlia crescia. E devia de ser extremada amante, pois João Beleza dormia sempre com ela.

SETE: DESAPARECE.

O leitor não dará crédito ao que vou narrar, pois eu vi prodígios que ainda agora me surpreendem. Que, sem regressar a concluir seus estudos de Paris — estava ele com 18 anos de idade, em 1918 — José Bataillon foi-se deixando ficar no Igarapé do Inferno e passou a viver no exótico, pela singularidade, da vida afastada dos costumes e expectativa gerais, os seringueiros arredados várias léguas do Palácio, confinados os Caxinauás e o que restava deles nos confins da Amazônia: Desçamos agora a este mundo ignoto.

Habitavam ali, naquela ocasião, além da índia Maria Caxinauá, do bugre caboclo Paxiúba, o menino Mundico, e sua mãe, a cozinheira do Palácio, Isaura Botelho — mãe de Benito Botelho, que morava em Manaus, levado, como disse, por Frei Lothar e entregue depois aos cuidados de Padre Pereira, do Internato Vassourinha. Lá estava também eu, o ainda jovem Ribamar de Souza, que viera de Patos em busca de seu irmão Antônio e de seu tio Genaro — ambos agora mortos. Também o índio Arimoque, cujas estórias fantásticas ainda circulam até hoje pela região. João Beleza, o coxo, e alguns homens da guarda ficavam no barracão, a certa distância. A maacu Ivete já estava casada com Antônio Ferreira e morava em Manaus, — Ferreira separado da sua Glorinha Lambisgóia, filha do

Comendador Gabriel Gonçalves da Cunha, e era citado freqüentemente na crônica social do *Amazonas Comercial,* com certa ironia. O proprietário do jornal, Abraão Gadelha, inimigo político do Comendador, tinha estado à beira da falência, mas fora salvo pela interferência de D. Constança das Neves, esposa de Juca das Neves, que desembolsava fortuna em obras sociais.

MAS não percamos tempo.

Quando a urutu pica, dói muito e incha a carne, que vai ficando escura e roxa, até o aparecimento da hemorragia e da morte. Já a picada da cascavel ataca o sistema nervoso central, a dor desaparece, a vista se perturba, vai ficando cega lentamente, começa a perder os movimentos do corpo, a princípio os dedos. Aí vêm dores na nuca, cada vez mais fortes, a paralisia vai subindo, a gente via ferver o progresso da morte, das extremidades para o centro, o corpo ficando rijo, duro, a morte vem pela rigidez viscosa, por asfixia, quando o diafragma enrijece. A morte vence o corpo, e a coral, obra de ourivesaria, é linda, vermelho-amarelo, cores vivas, e presas curtas, mas raramente pica. Mas não seja enganosa esta beleza, pois picando, mata. Mas pior de todas é a surucucu, grande, agressiva, forte e que, ao contrário das outras, vem e ataca. Tem muito veneno e permanece na tocaia das margens escuras de rios e lagos.

Mas silenciosos, sozinhos, sigamos nós, leitor.

Pois do que pude conseguir de jornais da época e de cartas de familiares, o desaparecimento de

Zequinha Batelão nas margens do Igarapé do Inferno se deu em janeiro de 1912. Não fosse essa uma obra de ficção e poderia citar, em notas de pé de página, as fontes de onde obtive tal informação. Mas o sumiço do filho de Pierre Bataillon, um homem que vivia debaixo do ouro no Alto Juruá, permanece encoberto de tal mistério, sempre um acontecimento mitificado na imaginação do povo amazonense e acreano, e todas as hipóteses, levantadas então, não se puderam justificar, nem explicar, pelo menos para mim, motivo por que depois recorri àquelas fontes alternativas que tive a felicidade de encontrar, ainda vivas, depoimento dos principais personagens envolvidos que, lastimavelmente, tenho de omitir, mas que o leitor arguto pode logo descobrir se conhecer minha família. Entretanto sei, e de antemão o digo, que esta é apenas uma obra de ficção, e portanto mentirosa, dentre as várias que há na literatura amazonense, e espere o leitor e a leitora o surpreender-se com o que, apesar disso, o fio do destino vai descobrir. Todos os fatos, aqui expostos, foram realidades notáveis e aconteceram realmente para a minha imaginação, e se não tal exatamente como descrevo, até bem mais extraordinariamente talvez se não fosse eu quem estivesse escrevendo, nas peças das partes da composição deste complexo relato.

OITO: RATOS.

Chegamos ao ponto deste caminho em que digo que, certa vez, eu me lembro bem que vi primeiro um risco preto entre as tábuas do chão. Era algo que passava como uma linha reta móvel preta. Um traço cinematográfico, contínuo. Depois se pareceu com minúscula cobra reta que se infiltrava entre as frestas da construção carcomida, algo que percorria o tempo, que atravessava o mundo, fluindo como se deslizasse para furar e vazar a terra. Aí então chegou a aparecer como um corpo maior, um corpo duro — um cabo, um rabo. Sim, aquilo era um rabo de rato.

TALVEZ que uma ratazana saísse dali diante de mim, de sua ratada. Talvez. Ratânia-do-Pará. Talvez um ratão, um rato enorme, como ratão-d'água, ratão do banhado, roendo, moendo sob a terra, corroendo a casca, mascando e carcomendo a crosta, consumindo, devorando por baixo de numa mastigação constante. Ou mais. Ou o dorso preto, ou cinza escuro, de quase 15 centímetros de rabo, couro, rabo-de-couro e arganaz, murídeo — e atrás vinham outros, catitas, ratinhos, e mais um rato preto, de pilosidade eriçada, um camundongo quase gordo, coró, toró, curuá, sauiá, e mais. E mais. E eram muito mais ratos vindo chegando entrando no barracão, imburucus, gabirus, dezenas, centenas, milhares — o Manixi estava sendo consumido por ratos, e não só de noite como a qualquer hora do mesmo dia.

Revelo que isso se passou naqueles anos, depois. Quando presenciei o processo de decadência e morte do Manixi. Para tudo descrever do que então vi direi que os ratos, atrevidos, vorazes, famintos, se multiplicavam, agressivos. Todo o empenho de João Beleza, que administrava o espólio, toda a sua luta contra os ratos de nada adiantava, os ratos não desapareciam e aumentavam, dia a dia, não havia como salvar nada, nem quando conseguiu gatos, os gatos nada puderam fazer, acabaram mortos, os cadáveres dos gatos saqueados e comidos por ratos famintos, ávidos, múltiplos, como se fosse o Juízo Final.

Dominado pelo furor, João Beleza arranjou uma jibóia para espantá-los, aos ratos, e salvar o barracão, mas a cobra sumiu e aí apareceu o regatão Saraiva Marques, homem que valia por muitos, e que recomendou e vendeu para João Beleza um veneno de rato a base de verde-da-Prússia. João Beleza passou a assim proceder, alimentando os ratos, todas as noites, servindo-lhes comida num tacho. Os ratos comiam um purê de mandioca, durante dias, cada vez mais, cada vez mais, até que se empanturraram que no último dia comeram purê envenenado.

JÚLIA ria-se. Júlia a princípio anunciou. Depois sorriu, e logo já gargalhava, alto, nervosamente, ih ih ih em delírio, e os ratos iam morrendo na sua frente, e ela os via com interesse amistoso morrerem, um a um, e os via com afeto, Júlia trata-va-os, embevecida e louca, via morrerem à luz do dia, tocava-os, ninhada aqui e ali, à beira do Igarapé punha-se às gargalhadas — os ratos parecendo de-corar tudo com o colar de ratos mortos na linha d'água, e eram dezenas e centenas e milhares de ratos mortos, e Júlia ria-se com aqueles seres mo-ribundos, e pegava-os e falava delicada, pelo rabo, exibia-os e envolvia-os e rindo os lançava nas águas condenadas do Igarapé do Inferno.

Depois houve uma estranha paz no Seringal Manixi.

CHEGA que João Beleza amanheceu doente.

Tinha cólicas, ia à latrina mas não conseguia evacuar, as fezes que o queimavam por dentro.

Passou o dia assim, e bebeu uma sopa que Júlia lhe deu. Quando a noite chegou ele piorou, a barri-ga cresceu ainda mais, começou a sentir dormência nos braços e nas pernas, que iam ficando frios; começaram perturbações nas vistas, iam ficando escuras; e ele foi morrendo lentamente, com dores e podres, pois Júlia o tinha envenenando com re-médio de rato à base de verde-da-Prússia, e no dia seguinte ele estava completamente morto, sim.

E foi que, pela primeira vez, Júlia começou a chorar. Júlia começou a chorar, e chorava seguran-do as mãos, chorava contra o céu e verteu suas en-ternecedoras lágrimas da sua imensa desventura.

91

E assim foi que ela, sem que ninguém a visse, saiu ela dali e desapareceu na floresta sem se deixar pegar como encantada. Pois ninguém soube mais dela. E ninguém. Ela estava uma moça, que isso aconteceu alguns anos depois não sei bem, não sei, não, não sei.

NOVE: FREI LOTHAR.

A sombra da samaumeira tornava mais triste a figura que esperava sentado ficasse pronto e assado, na folha da bananeira, um tambaqui que seria um reforço para seu coração e estômago. Era a primeira e substancial refeição que ele ia comer há dois dias em que vinha viajando. Frei Lothar sentia-se cansado e refletia sobre sua vida e desventura, como a que tinha acabado de sofrer. Ainda ofegava, abalado com a desgraça. Sentia certa desconhecida fragilidade quando menos velho, e por isso sabia que a carga de seus dias na Amazônia chegava ao fim, que agora tinha de abandonar a tudo e se aposentar e morrer. Que vindo de canoa por um furo entre o Paraná dos Numas, atravessava uma ilha flutuante de mureru quando a canoa picou numa espécie de toalha móvel, num horrível tapete na forma de um mapa do Brasil, formado por crepitantes e armados escorpiões amarelos, na área de vários metros quadrados, uns sobre os outros, e avançavam, atravessando o rio, emigravam e um caboclo começou a gritar e a canoa quase virou.

— Rápido!, ordenou o padre.

Mas já os escorpiões ameaçavam subir a bordo e Frei Lothar, a atear fogo nos jornais que trazia para o Juiz do Calama, enchendo o casco de labaredas e queimando-se todo oh, meu Amazonas!,

Deus é grande mas a Floresta é maior, e eu já não sou o mesmo.

Voltando a recobrar o vigor esperava depois do almoço partir no *Barão do Juruá*, agora propriedade de Antônio Ferreira, como na verdade tudo ali. Mas Ferreira fizera um mau negócio: o preço da borracha cada vez ia para menos do que valia 100 anos antes, como vira o Frei na viagem que naquele mês fizera ao Rio Machado — os seringueiros dizimados por febres, arrasados pela crise, vazios desde que a borracha do Ceylão, sem o microcyclus, suplantou a produzida ali, e milhares de seringueiros testemunharam o grande fim do gigantesco império, com que grandes fortunas, feitas da noite para o dia, assim desapareciam, e o Amazonas voltava a ser o que era, antes de 1850: o inferno mergulhado na crise econômica que durou meio século e que matou milhares.

Eram ainda poucos os lugares aonde o Frei suportava ir e o Manixi era um desses. O Frei perdera a fé, falava grosso, cuspia no chão, andava armado, tinha mau humor e mau cheiro. O Rio Machado o deslumbrava, o seduzia, as águas verdes correndo sobre esmeraldas, terras estranhas de um mundo estranho, onde só se encontravam aventureiros e índios: os Gaviões, os Araras, os Suruins, os Orelha-de-pau, ferozes, selvagens, indomáveis, escondidos na alta e sombria floresta. Era o Paraíso, o Inferno. Frei Lothar amava aquilo, e não saberia viver sem aquelas viagens, as aventuras em busca do Desconhecido. Mas a pior viagem que fizera fora em 1908, quando Frei Lothar, numa caravana que levava seringa, de Cruzeiro do Sul ao Seringal Cocame, do Rio Juruá ao Rio Tarauacá, atravessou as terras do Seringal Manixi, cortando o Rio Gregório, o Acurauá, avançando uma picada de 300 km de extensão. Mas naquele tempo Frei Lothar era jovem, fortíssimo.

Ainda não era passado muito tempo quando, as sandálias afundando na lama de tabatinga, ele via o carregamento da alvarenga que o *Barão do Juruá* puxava para a cidade de Manaus desde o Rio Jordão. Pois a velha batina fedia, estava molhada de suor. O suor escorria sobre outro mais antigo, encharcando os remendos. Debaixo de um grande, velho e aziago guarda-chuva preto, o Frei parecia ridículo no barranco, coisa estranha, exótica, à margem, na maior dificuldade. O Barão do Juruá carregava, e o Frei tinha descido para almoçar, trôpego, necessitando de terra firme e fugir do calor, os pés afundavam no barro mole. Subira com dificuldade a ladeira escorregadia da margem quando os primeiros cães apareceram. Primeiro foram dois, que desceram a ladeira com ódio. Depois vieram outros e Frei Lothar se viu finalmente cercado de cães, e usava a cruz do rosário para defender-se. As crianças e os homens se riam, velho imprestável. Alguns lhe deviam a vida. Mas Fernando Fialho, o dono do porto, apareceu de repente e o socorreu. Fialho estava atarefado no carregamento de juta que seguia para Manaus, pois a nova riqueza da economia da região era a juta. Pareceu-lhe que Frei Lothar não podia embarcar porque os carregadores retiraram a prancha, e pela prancha passavam fortes e baixos, arriados pelo peso dos fardos que afundavam no barranco. Frei Lothar olhava as águas barrentas que emporcalhavam suas sandálias. Os meninos desceram a ladeira. Já não lhe pediam a bênção. Ninguém o respeitava, velho e difamado. Diziam dele que gostava de meninos, o que era mentira. Os meninos pulavam na água barrenta, perto dele. A água se esparzia, brilhante. Ameaçavam dar um banho no missionário. Frei Lothar não reclamava porque estava doente, a doença da velhice, sem forças, sem coragem, sem nervos, sem vida, sem ânimo, sem fé. Olhava com compaixão, suor e impaciência para tudo aquilo. Era em verdade um bem aquele respingo que o refrescava. Se pudesse tiraria a fedorenta batina e mergulharia feliz naquela água. Frei Lothar misturava todos os fatos: os escorpiões, os cães, o banho, a doença, a velhice, a calúnia. O fim. O aniquilamento, a morte. Frei Lothar, as pernas a tremer, sentia uma ponta de desmaio, no calor. Miseráveis cães! Miseráveis moleques! Miserável vida! A tarde começava a cair e a noite se aproximava. O *Barão do Juruá* ia zarpar, finalmente, vazio — uma benção, que Antônio Ferreira proibira de levar passageiros. Não, não era verdade que o mundo estava contra ele. No dia anterior fôra mesmo bem tratado. Ferreira aturava o velho padre que medicava as gentes dos seringais. O *Barão do Juruá* e tudo e todos que pertenceram ao império Bataillon eram de propriedade de Antônio Ferreira. O *Barão* ia vazio, o Frei viajaria com sossego, com conforto. Ele conhecera viagens em embarcações cheias de porcos e de redes, fedendo a excremento e a peixe podre. O pescoço do padre ardia de calor, o suor escorria e arrojava-se no peito. Com que facilidade aqueles homens erguiam e carregavam os pesados fardos! Ah, juventude, juventude! Ah, força dos braços! Frei Lothar chegara de Tarauacá, que ele ainda chamava de Villa Seabra, tinha atravessado a pé o difícil Paraná São Luís e o Igarapé São Joaquim, passado por Universo, por Santa Luzia, por Pacujá, viera de canoa por aquele furo. Oh, não ... Ele já não era daquilo. Que se preparasse para morrer. E Frei Lothar não queria morrer, passara a vida combatendo a morte. Acabaria no fundo de uma rede em Manaus, na freguesia de Aparecida, no meio da caridade imprestável. Não, aquilo não era certo. Gostaria de morrer em sossego, ou de regressar à Europa, sonho que se dissipava, pois era pobre. Quarenta anos ali, no fundo daquele inferno, esquecido, reduzido, perdido na selva. Saberia viver longe daquele mundo selvagem? Como poderia chegar à Europa, à Estrasburgo, sua terra natal? Fizera tudo o que haveria para ser feito, lutara contra feras e febres, rezara missas no meio de índios, batizara curumins ilegítimos, nos barrancos. Que mais? Ainda o queriam? Como não podia agora montar, devido à ciática, tinha de viver a pé, envergado ao peso dos anos e da artrite — Deus meu! — toda uma vida tristíssima, desbaratada, entre serpentes, difamado, corrido de cães ... difícil mundo! E Frei Lothar só via, dentro da Igreja, a luta pelo poder! Salvara a vida de milhares de homens e era acusado de exercer ilegalmente a medicina! As famílias de Manaus o rejeitavam, que ele tinha má fama e maus bofes, escarrava no chão e dizia palavrões, praticando entre gentes humildes. Não, nada recebeu em troca, nunca teve dinheiro, nunca teve onde morar, nunca bajulou os poderosos, nunca os aturou, sempre os irritou. Depois de quarenta anos de trabalho só colhera inimizades. E o calor e os mosquitos, as noites sufocantes. Varara florestas impenetráveis cheias de cobras, aranhas e escorpiões. E como reconheciam? Com a calúnia, com a degradação do nome. Aqueles crápulas não podiam compreender a vida no meio dos índios sem ser por algum sórdido motivo, nascido da doentia imaginação deles. Ninguém acreditava que ele servira naquele inferno quarenta anos em troca de nada. Aquilo roía sua alma. Havia cartas dos superiores com acusações, o Provincial veio com falas ... Ah, que o tirassem dali, que ele já se ia para sempre — se o matassem lhe fariam um grande bem!... Ele estava sobrando naquele mundo, certamente gostaria de morrer a aturar o paroquial, que detestava. Ninguém gostava daquele homem feio, que de padre só tinha o hábito. A voz grossa e entediada, as mãos rudes e fortes, a expressão feroz. Frei Lothar odiava a classe dominante, odiava a religião e a fé, que para ele eram a medicina e a prática. Não falava de coisas piedosas, coçava o saco, rezava de má-vontade, irreverente, lacônico, sincero, agressivo, grosseiro com as autoridades, primitivo e rude. Frei Lothar, na Amazônia, era um militar irritado, um fiscal de Deus, armado.

A noite já andava densa quando a alvarenga ficou cheia.

Transferiu-se a prancha para o *Barão*, que já se ia mexendo e ameaçava se afastar. Frei Lothar subiu com cuidado e se foi para o camarote onde tomou o banho antes de jantar.

LOGO limpo, satisfeito, depois do jantar, estava de melhor humor. O *Barão* prosseguia sua viagem no meio da noite — uma temeridade, mas como era de esperar Ferreira queria o navio em Manaus logo. O rumor das máquinas já não o incomodava, resignara-se. Frei Lothar subiu para a popa, para uma espécie de terraço no escuro. Estava sozinho. O vento começou a fazer-lhe bem, aquele vento tinha um cheiro terno, uma atmosfera, ele ficou vendo a noite escura, na navegação de descida, entre o vulto das sombras. Era assim que ele sempre se sentia — um passageiro do mundo. Nunca parava, noite a dentro, vida a fora. Ficou pensando no homem que tinha assistido em Villa Seabra. Aquele homem ia morrer ... Que coisa é a morte? Que coisa é a fé? Muitos homens tinham morrido nos seus braços, e ele nada pudera fazer. Que coisa era a morte? Sua fé há muito perdida. Lixe-se o Provincial! O que Frei Lothar via e viu durante toda vida — não foi Deus: Foi a dor, a dor e a morte, a miséria e a desolação. Frei Lothar se levantou com esforço, saiu dali e foi ao camarote de onde veio com o violino. Sentou-se. Ia estudar até o sono chegar. Era a Segunda Partita de Bach, que sabia de cor, mas nunca conseguia superar certas dificuldades. Tocava sem a partitura. Estudava sem a partitura, no escuro, dentro do vento veloz.

Sozinho. Sem partitura e sem luz, sem ninguém. Oh! No Amazonas era assim. O Amazonas não tinha partitura, não tinha luz, nem ninguém. O Amazonas era uma imensa planície de miséria. A depressão econômica pairava no seu monstruoso silêncio. A Partita saía quase boa dos artríticos e velhos dedos. Nunca tivera tempo de estudar, nunca tivera condições, acomodações. Viajava com o violino em navios e em canoas, nos furos e lagos, e por pouco não se perdeu o violino junto com os escorpiões: aquele era um violino precioso, simbolizava o que ele não tinha sido. O mau padre, o mau médico, o mau violinista. Nunca fizera nada bem. Nada inteiro. Agora estava velho, fraco, tinha pouca fé, pouca ciência, pouca técnica. Oh, pior que a morte é a mediocridade! Frei Lothar pensava, o violino gemia, ladainhas, recitações, reflexões. Assistira os doentes sem recursos, dissera missas sem paixão, e agora tocava mal a Partita. Sem remédios, sem partituras, sem higiene, sem saber. Frei Lothar tocava com imaginação. O violino era um Guarnerius. Tinha sido presente de Juca das Neves, um dos poucos homens por quem Frei Lothar tivera amizade. Na verdade, os Guarnerius não são imitação. São aprimoramento dos Stradivários e muito mais sonoros, apropriados para as salas de testes e grandes orquestras, ao passo que os Strad eram camerísticos. Ajudado pela inspiração, a Partita saía quase boa. O *Barão* avançava no meio da noite. De repente, o Frei se lembrou do Concerto Duplo — beleza! — e emendou a Partita num dos trechos de sua parte. No Concerto

Duplo tudo era ânsia, sublimidade. Ele se imaginava no meio da orquestra, lembrava-se dos sonhos de ser músico, e não padre, mergulhava no concerto ouvindo o violoncelo e toda a grande orquestra. Via as galerias repletas, de onde explodia o sucesso, o aplauso, tudo aquilo bem longe do Amazonas, bem longe da morte. Ele foi levado pelo devaneio. Por quê? Do antigo misticismo não sobrava nada. Por quê? Tocava Brahms cortando ao meio a floresta Amazônica. Por quê? A noite corria no altíssimo, e o céu da Amazônia de repente ficou transparente e claro e coberto de estrelas que cintilavam, e tudo lhe apareceu de uma só natureza, num bloco em que ele não existia mas estava integrado num todo — e Frei Lothar, parando de tocar, correu para a amurada com lágrimas nos olhos, e de repente viu, em êxtase, que a Imensidão e a Eternidade apareciam subitamente ali na sua frente, vindo e chegando a ele, amplas, entrando por seus olhos, por seus ouvidos, e tudo era um só Incomensurável ... — e ele, integrado, eterno, deu um grito e se sentiu incompreensivelmente feliz.

DEZ: PERDIDA.

Amanhecia quando a Caxinauá chegou ali. Sob o dorso líquido do rio passavam grossos cardumes de sardinhas. Ela chegava ao lago através de um labirinto esplêndido de furos e veios. Águas paradas, tétricas, perdido cruzamento de vias seladas, o lago Quati no meio de pântanos na penumbra da vazante, furos varando galhos, ocultos. Além, o horrível Paraná Mucura.

Maria Caxinauá morava em frente à Ponta do Fedegoso, na Praia do Cuco, onde se dizia que Zequinha Batelão havia desaparecido. Desde o desaparecimento do filho do patrão a Caxinauá não saíra mais dali. Diziam que esperava sua volta.

O Manixi naquela época agonizava, improdutivo. Havia dois anos que o próprio Ferreira lá não aparecia, e a sede, depois da morte do Capitão João Beleza, ficara sob as ordens de um Ribamar (d'Aguirre) de Souza, oriundo de Patos, Pernambuco, conforme o primeiro capítulo desta narrativa.

Mas a Caxinauá avançava sozinha entre as gigantescas raízes. Dir-se-ia perdida, silenciosa entre as grandes árvores pré-históricas, ao pântano, entre murarés, caimãs, touceiras de cumaru, sob os buritizeiros, os oitiseiros. O remo cortava a água sem ruído, a igarité deslizava no lado morto do mundo.

A Caxinauá chegara a um aningal. Entrevistos, no alto, urubus-reis. Sob a toalha da água se podiam ver os peixes, indolentes, dormindo um sonho de imersão no sangradouro do lago.

Ela não se apressava. Despiu-se do vestido e entrou na água, na umidade pesada, pisando no fundo do lajedo, que conhecia, na ponta da pedra branca, submersa.

Quem a visse veria uma mulher bela. O rosto, o pescoço e os ombros arruinados, queimados — toda a pele torturada, queimada no ataque Numa. Mas dos seios para baixo era bela e fresca.

A Caxinauá olhou aquelas margens. Ali viveram seus antepassados. Ali estivera entre os seus. A Caxinauá gostava de visitar aquele lugar histórico. Do passado não havia traço. Mas a floresta vencera.

Súbito pressentiu o perigo.

De repente sentiu que, de dentro, do fundo da mata, se aproximava algo ameaçador. Ela sabia que aquilo vinha muito rápido — nada o tinha denunciado, mas ela rapidamente saiu de dentro d'água.

Mas era tarde: Foi agarrada por mãos enormes, por enormes braços de um ser monstruoso, por trás, e ela sentiu o cheiro de cumaru e o forte calor daquele corpo e soube de imediato de quem se tratava, que seria ela mais uma das vitimas de Paxiúba, o Mulo.

Avaliou a situação: um dos braços do Mulo podia quebrar o seu pescoço, ela ia começar a sufocar, sabia daquela força insuperável besta selvagem. Ficou imóvel. Deixou-se levar. Sabia o que ele queria. O corpo do monstro estremecia, de prazer, era quente, o desejo roçava pelas costas da índia, arfando, como cão.

103

Ela viu que ele não a deixaria viva, que ele sabia que ela ia vingar-se, se escapasse viva. Mas Paxiúba agora tentava por outros modos, rolava com ela pelo capim e, estranho, gozava, assim mesmo, urrando e masturbando-se como touro furioso, poupando-a.

Depois que ele desapareceu, misterioso como tinha aparecido, ela caiu dentro da água para limpar de si aquela gosma peçonhenta.

ONZE: RIBAMAR.

Ela — e eu me lembro como se fosse hoje — não gostava de pintar as unhas pela manhã. Preferia pintá-las à tarde, pois de manhã, apesar da legião de criadas, tinha sempre muito o que fazer naquela casa.

Entretanto a manicure veio cedo, que estava com a tarde toda tomada (afinal, não era seu dia). Sebastiana — Sabá Vintém, a manicure — era uma negra barbadiana conhecidíssima em Manaus, servia a todas as senhoras da sociedade com seus trabalhos impecáveis — pintava florezinhas nas unhas das senhoras, e coraçõezinhos nas moças. Sabá era mesmo poderosa, graças a suas relações. Sabia de todos os escândalos da cidade, da vida íntima de todas as famílias, e por isso Sabá Vintém era o porta-voz municipal: amantes, abortos, gravidezes ocultas — tinha a maneira especial para tudo descobrir pois discreta compunha fragmentos de conversas ouvidas em várias casas, pedaços que ela costurava e armava, como um policial atento. Por isso se tornava preciosa para as madames, que a custa de boas gorjetas faziam-na falar, passando-se por boba, fazendo-se confidente de todas, sem se indispor com nenhuma, a todas dando a entender que era a preferida, que só a ela confidenciava o que sabia.

— Pelo amor de Deus, Dona Diana, só falo porque é para a senhora ...

E assim Sabá não tinha hora de folga durante a semana. Envelheceu próspera. Almoçava e jantava na casa das madames, juntou dinheiro durante décadas.

SIM — ela não gostava de pintar as unhas pela manhã. D. Maria de Abreu e Souza, ainda jovem e bonita, conforme a conheci, bela, elegante, morava na Rua Barroso, numa casa cujos fundos davam para o Igarapé do Aterro. D. Maria ia, naquela tarde, a um aniversário, e mandara um moleque chamar a negra Sabá para corrigir o esmalte das unhas, e já marcara hora na Mezzodi, a cabeleireira da época.

Foi quando bateram à porta.

Naquela época a Amazônia estava mudada. A recessão era grande, mas em Rio Branco havia 250.000 cabeças de gado, entre balcedos de murerus, aguapés e canaranas, vicejando a riqueza entre alagados e mondongos.

Nenhuma criada estava próxima. Foi a própria D. Mariazinha de Abreu que, levantando-se solene da cadeira, foi atender a quem batia à sua porta.

— Bons dias, dona — disse-lhe aquele caboclo mal vestido, calças de brim, camisa de algodão cru de dura goma, chapéu de palha na cabeça e mala de madeira enrolada na mão. O homem tirara o chapéu para falar com ela.

— A senhora sabe onde mora o Seu Juca das Neves?

Quando D. Maria viu aquilo empertigou-se, mas fez-se muito cortês ao responder, pois era assim que tratava aos que lhe ficavam abaixo de sua condição social.

— Ao lado — disse, e retirou-se, vindo sentar-se diante da negra Sebastiana Vintém.

Era a senhora mais fina, mais elegante e mais bonita da época, sim, que é assim mesmo, conforme o digo, este Narrador.

E aquele homem era Ribamar (d'Aguirre) de Souza.

DOZE: MANAUS.

Juca das Neves não estava. Uma cabocla velha lhe disse:

— Está no *Armazém*.

— Onde fica? perguntou Ribamar.

A cabocla se espantou. Como poderia haver alguém que não soubesse onde era o *Armazém das Novidades*, a famosa loja de Manaus? Mas respondeu:

— Ali na esquina, na Eduardo Ribeiro.

RIBAMAR desceu a Rua Barroso. Pegou a 24 de Maio pelas sombras das mangueiras que ali estavam desde há muito anos. Eram mangueiras colossais que davam largas sombras verde-claro e que foram cortadas cinqüenta anos depois.

Sem pai nem mãe, nem parente algum de que tivesse notícia — sem mesmo nenhum amigo nem ninguém naquele mundo — Ribamar descia a rua 24 de Maio. Mas, em vez de se sentir só, estava leve e aberto às múltiplas possibilidades daquela cidade. Tudo dentro dele dizia que ele pisava aquele solo para vencer.

Um dia, como se tudo tivesse bem pensado, lhe disse a Caxinauá:

— Agora você vai para Manaus...

Ele não disse nada, mas sabia que ela tinha razão. O Manixi não mais existia, e o Palácio onde ele agora morava estava em ruínas. A Caxinauá recomendou que ele procurasse Ivete e Juca das Neves. E em uma semana Ribamar saiu dali.

AGORA ele se admirava da bela rua, porque Manaus era bela. Calma, profunda, na estagnação da crise econômica, esquecida, abandonada, mas solene. Os grandes e belos palacetes, o ar de soberania art-nouveau — Manaus era uma espécie de cidade-fantasma, minimetrópole esquecida, batida pela claridade de um sol esplendidamente brilhante. O brilho escorria pelas pedras de morona das calçadas.

Ribamar descia devagar, passava pela portada da capela de Santa Rita — lugar tão sagrado, que não mais existe. A rua deserta. Todas as casas tinham portas e janelas fechadas. Mas um belo lugar, limpo. Lembrava Paris.

Ele se sentia feliz, como se estivesse no início do caminho da sua vitória. Manaus decaída aparecia, para ele, algo que ele podia reerguer e que amava.

O último dos empregados do *Armazém das Novidades* fôra-se da cidade tentar a vida em São Paulo e o emprego era seu. O *Armazém*, entretanto, estava quase fechando. Ribamar pouco receberia, trabalharia em troca de casa e comida, como faxineiro, balconista, confidente.

Naquela mesma noite, depois do jantar, o patrão conversava com ele. Ribamar contara sua vida, de como não conhecera o pai, de como morreram o

109

irmão e o tio Genaro, no ataque dos Numas. E falou mais. Falou do Rio Jantiatuba, do Seringal Pixuna, do *Alfredo*. Do Rio Eiru, do Rio Gregório, do Mu, do Paraná da Arrependida, do Riozinho do Leonel, do Tejo, do Breu, do Igarapé Corumbam, o magnífico, do Hudson, do Paraná do Pixuna, do Moa, do Paraná dos Numas, do Juruá-mirim, do Paraná Ouro Preto, do Paraná das Minas, do Amônea. Demorou-se em falar do Paraná dos Numas, do Igarapé do Inferno, do Pixuna e dos aviados dos Ramos.

Juca das Neves discorreu sobre suas doenças e sua desgraça.

TREZE: CONVERSAS.

Boa noite — foi o que disse o Padre Pereira ao dar o primeiro passo dentro da sala onde o aguardava o Comendador Gabriel Gonçalves da Cunha, que jogava xadrez.

O Comendador levantou os olhos do tabuleiro e fixou o padre.

Gabriel ainda era um homem rijo, magro e elegante. Usava sempre uns ternos de linho branco que combinavam com seus cabelos de prata. Indicou a cadeira, em frente, onde o padre se sentou.

Gabriel jogava xadrez sozinho. Ficaram os dois por um momento em silêncio, como se pensassem no que dizer. Ouviam-se os sons da cozinha, ouviam-se os passos de alguém num cômodo próximo, ouviam-se sons da rua.

Apareceu uma criada e o Comendador lhe deu o tabuleiro, que ela tomou com cuidado para que o jogo não se desfizesse.

O calor daquela sala era brando, as carapanãs zumbiam. A mobília discreta. Rara. Moderna.

— E o nosso homem? perguntou o Comendador. Via-se logo o tema da visita. Padre Pereira, muito a contragosto, tinha pedido um encontro com o Comendador para tratar do delicado assunto. Gabriel aceitou. Convidou-o para jantar. Teriam oportunidade de conversar.

111

— Menos mal, respondeu o padre. Parece que lhe chegaram uns pedidos do interior. E ele conseguiu vender alguma coisa

— Está enganado! — gritou-lhe o Comendador, ríspido. O senhor não sabe de nada!

O Comendador nunca perdera o sotaque português, apesar de estar no Amazonas há décadas.

— As dívidas de Juca das Neves somam muito mais do que vale o seu patrimônio!

Há poucos dias Padre Pereira tinha ouvido de Juca das Neves aquela frase: "Só o senhor pode-me salvar".

— Como? perguntou o padre.

— Fale com o Comendador

Juca das Neves tinha sido o grande amigo de Pierre Bataillon.

Quando Zequinha desapareceu, Juca das Neves mandou procurá-lo dentro da mata. Seu enviado, Raimundo Bezerra, organizou uma expedição. Partiu da Praia do Cuco, com dois mateiros, procurando o lugar para onde os Numas tinham levado o poderoso e rico jovem.

Corria que Zequinha tinha chegado na Praia do Cuco numa canoa, encontrando-se com uma menina Numa, que era sua amante, e que, na companhia de toda a nação dos Numas, partira dali com a índia em direção ao indeterminado, sumindo-se dentro do mato com toda a corte para se casar na aldeia. Todos diziam que ele foi por sua própria vontade, e que por isso era de todo impossível procurá-lo, como estavam fazendo.

Porém, e apesar disso, durante quase dez anos o

112

procuraram em vão — para depois o darem por morto. E seu caso foi arrolado junto a outros desaparecimentos de pessoas e até de navios inteiros, como o *Presidente do Pará*, em 1896, o *Jonas*, no lago Uerê, o *Japurá*, a 517 milhas no Juruá, o *Tocantins*, na boca do Igarapé do Cobio, em 1900, ou o *Ituxi*, no sacado Mixirire, em 1897, ou o *Douro*, em algum lugar, em 1900, o *Leopoldo de Bulhões*, na volta do Encarnado, em 1897, ou mesmo o *Herman*, o *São Martinho*, o *Alagoas* — e muitos outros navios que desapareciam na Amazônia, como se não tivessem naufragado mas simplesmente sumissem, encantados, nunca ninguém tendo nenhuma notícia deles, nem de ninguém de sua tripulação.

A sala se impregnava da fumaça dos candeeiros que mantinham a luz amarela. O exótico ambiente combinava duas fases culturais, a do art-nouveau com o modern style que começava a despontar na produção industrial norte-americana da modernidade. Era uma sala de paredes muito altas, tinha um jogo de poltronas de riscado, uma cômoda antiga. E uma vitrola R.C.A.

— Juca das Neves dessa não sai — dizia cruelmente o Comendador para o padre, sentado em sua frente. Vai quebrar, é um homem liquidado... morto!

— Acontece que está doente... — começou tristemente a dizer o Padre Pereira.

Padre Pereira estava ali com a missão de comover o Comendador. Sabia o padre de sua missão impossível, o Comendador era frio, lógico. Durante todos aqueles anos o padre recebera muito dinheiro de Juca das Neves para o Orfanato. Competia agora pelo menos tentar fazer alguma coisa a seu favor.

— Doente? — perguntou o Comendador, que era o maior credor de Juca das Neves. Apesar de considerar aquele dinheiro perdido, era sempre desagradável saber que alguém ia morrer sem pagar, uma surpresa, uma descortesia. O Comendador ficou ainda mais irritado. "Que tem ele?" perguntou.

— Não sei bem, disse o padre, evasivo. Parece que a situação da firma está acabando com ele...

— E a filha? — rebateu o Comendador.

Aquela era a pergunta que Padre Pereira não esperava ouvir. O olhar do religioso tornou-se severo, olhou o velho como se o repreendesse de ter-lhe feito tal pergunta, e foi com a mais sombria das faces que respondeu:

— Como sempre! O Juca ... — iniciou o padre, tentando mudar de assunto. Gabriel cortou-lhe a palavra:

— Uma cadela no cio — os olhos do Comendador brilharam no escuro.

— Sim, respondeu o padre, com a voz embargada. Foi com descontrole de si que ele acrescentou, como se recriminasse alto, clamando aos céus:

— O pior é que o pai não tem autoridade sobre ela, o pai é dominado por ela!

Naquele exato momento a causa de Juca das Neves estava irremediavelmente perdida.

— E a mãe, como o Senhor sabe, nervosa, nada faz, nada sabe.

A mãe era D. Constança.

— A menina está perdida ... — dizia o padre, lastimavelmente.

— E o pai quebrou! acrescentou, vitorioso, o velho Gabriel. Rameira fogosa! Mas bonita é, sim senhor.

O padre virou o rosto, como se evitasse a bofetada.

— Para complicar, acrescentou Padre Pereira, Juca das Neves colocou um homem dentro de casa...

— Um homem?

— Sim. Um rapaz, vindo do interior. Um finório educado. Está morando lá, e trabalha agora no *Armazém*. Chama-se Ribamar.

CATORZE: O LEQUE.

Naquela mesma noite Ribamar de Souza se instalou no porão. Encontrou abandonado o *Armazém*, e durante todo o dia em que ali esteve não se fez nenhum negócio. Era como se a peste desabasse sobre Manaus. A crise se demonstrava naquele silêncio quente, ao pôr-do-sol, luzes moribundas, o apagar do apogeu capitalista. A Amazônia ficou sem 80% da sua economia, um deserto morto, estéril, sobre a planície encharcada numa crise que durou meio século. As famílias ricas partiam para Paris, Lisboa. Quem ficou, estava quase morto. Fortunas colossais se reduziram a pó. Maurice Samuel, um dos ricos, perdeu até os móveis de sua casa, penhorados, e mudou-se para pequena casa alugada na Silva Ramos. Jóias eram vendidas a qualquer preço. Mulheres ficavam viúvas, passavam a costurar, para sobreviver. O capital desapareceu. Tudo o que era sólido se desfazia no ar e ruía como um castelo de cartas. O Teatro Amazonas foi abandonado, transformado em depósito de borracha velha. O que sobrou foi muito pouco, mas era o que eu mais amava.

D. CONSTANÇA tinha sido educada para ser uma boneca inútil. Exagerara e ficou louca. Magrinha, baixinha, nervosinha, logo que a beleza desapareceu, parecia uma bruxa, ogra, rosto páli-

116

do e plano no centro do qual avultava o nariz curvo e o risco de faca reto da boca, aberta a golpe fino, sem lábios. Os olhos graúdos piscavam muito, muitíssimo. D. Constança se abanava com o leque, como se a queimasse um fogo interior. E tinha péssimo caráter, bastava a pessoa dar as costas para que ela começasse a retaliação. Voz fina, língua viperina. Olhar de fuzilante ódio. Os seres das classes inferiores eram "gentinha", não existiam. Pedro Alonso, no dia em que perdeu a Inspetoria do Tesouro, foi cortado da lista de um jantar quando já tinha saído de casa (soube no caminho). Ela era o ponteiro da seleção social: Aristides Lourenço, pessoa a quem nunca cumprimentou, viu-se um dia com um inesperado convite nas mãos depois que eleito para o Conselho Municipal. D. Constança, cheia de amabilidades durante todo o seu mandato, voltou-lhe as costas quando ele não foi reeleito e retornou ao humilde cargo de revisor na Imprensa Oficial. D. Constança discriminava abertamente, sem disfarce.

Nunca teve uma amiga. Começava a falar de todas logo que fechava a porta da rua. Falava para Juca das Neves, falava muito rapidamente, a voz nervosa, fina, angustiada. Passava horas e horas em fofocas, maledicências, escondendo-se atrás de portas para ouvir, entreabrindo janelas para espiar. Vestia as pessoas com tudo o que pensava a respeito, a todos nutrindo um ódio que a corrompia por dentro. Era mesmo capaz de longa viagem pelo prazer de «saber». Sua face então se irradiava, seus olhos brilhavam, ela delirava. "Não me diiiiga, querida ...". As novidades a mantinham viva. E o que ela não sabia a torturava, contratava pessoas para saber — "tenho de saber, juro que vou saber" — a sua vida dependia de informações, assim que diziam que Juca das Neves era meio surdo por causa da fina e incessante voz, que feria os tímpanos, com seu timbre cruel, dissimulado na vozinha de menina indefesa. E durante o almoço D. Constança falava ininterruptamente, sem pausa, sem respirar, como se as palavras lhe queimassem a boca, o patati-patatá metálico, falando da vida alheia, e abanando-se, frenética, falando, e abanando-se, e falava junto ao marido, sussurrando-lhe ao ouvido, cutucando-o por baixo quando alguém se aproximava, e abanava-se, e era gentil e educada. O leque e a tagarelice maledicente alcançaram o seu maior esplendor na pessoa magra e franzina de D. Constança!

Pois à medida que foi envelhecendo foi ficando pior. Começou a falar e abanar-se sozinha, sentada na cadeira de balanço onde se abanava e falava até tarde da noite. E sozinha falando, falando, e abanando-se, abanando-se, os olhos se fixaram numa característica sua, que era o "rabo de olho", como ela dizia, já não olhando de frente para ninguém, não encarando ninguém, o olhar fixo nos lados e cantos das órbitas como se sempre procurasse ver e ouvir algo que se passava pelos lados e atrás, um olhar congelado numa expressão de ódio, e até hoje me lembro dela assim sentada, olhando para os lados e para trás, como cercada de inimigos, abanando-se frenética e falando aflita, falando mal de seres imaginários, de pessoas que já tinham morrido há muito e sozinha, esquecida...

QUINZE: A LIVRARIA.

Aquele era um cômodo sem janela, debaixo da escada, e ali dentro sentia-se muito calor, umidade e mofo.

Para Ribamar, um luxo. Naquele quarto, durante uma década, vivera a finada Benedita, velha empregada de Juca das Neves, muito asseada. Mas na parede mofada a umidade alargara duas manchas pardas. Ribamar armou a rede, deitou-se. Poderia sair sem ser visto pelas pessoas da casa, pelo corredor lateral. No primeiro andar, para onde se mudaria depois, ouvia-se o piano de Melina. Juca das Neves já se tinha recolhido. Naquele dia, Ribamar conhecera o Hotel Cassina, em decadência, a se transformar no Cabaré Chinelo. Conhecera o Alcazar, a Livraria Royal, na Rua Municipal, 85, expostas as novidades de Garcia Redondo, de João Grave, de Júlio Brandão e Bento Carqueja — autores da moda. Ali havia um livro de Carmen Dolores, outro de Haeckel. Eram panegíricos e leitura recreativa. A "Biblioteca para o Povo", a "Biblioteca Racionalista". Os Serões da Aldeia, de João de Lemos. Um livro se intitulava *De cara alegre*, de Alfredo de Mesquita e tinha sido um best-seller. Custava $50. Juca das Neves tinha parte da biblioteca de Pierre Bataillon em casa. Melina não tocava mal. Ribamar recordava-se de Pierre Bataillon tocando Schubert. Alvarengas rebocavam pélas de borracha. Ribamar passara pela porta do *London Bank*. As alvarengas suaves entravam na porta do Banco. Ivete, quando era servente, vivia quase nua. Ribamar estranhou encontrá-la, agora, grande dama, casada com Antônio Ferreira.

DEZESSEIS: BENITO.

Proeminente, bêbado, apoiado no balcão do Bar Bacurau no inicio da João Coelho, mestre Benito Botelho discorria, sobranceiro, para um grupo de homens entre os quais o arruinado e velho regatão Saraiva Marques. Benito, parecidíssimo com Mário de Andrade, chefiava a animada conversa sobre um dos assuntos de sua principal indagação: o sumiço do filho de Pierre Bataillon no fundo da floresta amazônica. Benito especulava e investigava, e naquele dia tinha publicado um artigo a respeito. Teria na época uns 37 anos. Magro, pálido, mal vestido, bebendo e fumando muito, tinha os dentes estragados, a testa larga e amarela, a calvície avançada e os cabelos crespos já grisalhos. Seu único traço de beleza eram os olhos, vivos, brilhantes, graúdos, mordazes. Por ser um homem irônico, de insinuação venenosa e certeira contra os poderosos e contra o tacanho e conservador meio em que vivia, não passara de paupérrimo revisor do *Amazonas Comercial*. Mas poeta e poliglota, lia e falava francês, inglês, alemão e italiano, além de sólidos conhecimentos de grego e de latim. Autodidata. Dizia D. Estella Souza, funcionária, que ele já havia lido toda a Biblioteca Pública do Amazonas. Conhecedor dos dois mundos, seu domínio ia da Filosofia à Literatura, da História à Filologia.

Poderia recitar quase toda a *Divina Comédia,* e o mar de sua memória fotográfica o possibilitava citar, e em várias línguas, os autores de sua predileção, alguns com a imprenta da página, editora, lugar e data. Nunca se viu aquilo antes.

No Bacurau se reunia a escória da sociedade manauara. Eram pescadores, policiais, bichas, poetas, presidiários, prostitutas, comunistas, peixeiros, músicos e o grupo do Clube Satírico Gregório de Matos, que infernizava a vida dos poetas maiores do Clube da Madrugada. O Mirandinha sempre aparecia de madrugada para conduzir o Leonildo Calaça, caboclo grande e maduro, de afamada fala. Aparecia o Calixto Diniz, poetinha boçal e enrustido. Velhas mulheres por ali passavam, na esperança de encontrar companhia, comida e cachaça. O grande poeta Lopes saía cedo. Mas o ambiente todo fedia a peixe, a obscenidade, a pimenta murupi.

Benito perguntava, argumentava, descrevia o paradeiro de Zequinha Bataillon. O menino tinha sido seu companheiro de infância, Benito crescera no Manixi, vira os Caxinauás, a Maria, o Mulo, o Mito. Oh, Benito! Um sábio e um erudito! Infelizmente desprezava e era desprezado por todos. Era odiado! Irreverente, língua solta, irônico, ferino, irritante. Um bêbado sempre, todas as noites, como sempre foi. Expulso do Colégio Estadual. Não foi reconhecido. Na cidade pontificavam os beletristas, os barões da Academia, os homens de letras, juristas de óculos no nariz e paletó impecável, doutores, jurisconsultos, magistrados, desembargadores.

Benito não podia ser levado a sério, com seu jeito calhorda. Mas se falava dele, na roda acadêmica. Retaliação.

A princípio Benito viveu com Frei Lothar que o ensinou alemão. Depois no Orfanato de Padre Pereira, que o queria padre. Com dezessete anos, foi expulso de lá. Então residiu com a tia Eudócia, que vendia flores e cocada na Praia dos Remédios, flores artificiais que tinha aprendido a fazer menina, na casa da ex-patroa. Benito ingressou no Partido Comunista. No *Amazonas Comercial* fez de tudo: era tipógrafo, revisor e repórter. Escrevia artigos muito avançados para seu tempo, que saíam quando o jornal não tinha matéria para ocupar os espaços da boneca. Benito os escrevia apressadamente, às vezes no próprio linotipo, de onde o texto saía quase sem erros. Tinha a composição dos artigos na cabeça, e as citações feitas de cor.

A casa de Eudócia era um tapiri de palha na beira do Igarapé das Sete Cacimbas. Quando o Rio subia, as águas batiam na soleira da porta. Dois cômodos sem luz, sem água encanada, o banheiro era fossa. Na sala — como era chamada — estavam ao mesmo tempo o escritório, a biblioteca, a alcova e a cozinha. Tia Eudócia dormia no quarto. Chão de terra batida, tabatinga endurecida. Uma espécie de mesa geral para tudo, onde se almoçava entre pilhas de livros. Um guarda-roupa enorme, sem portas, transformado em estante de livros, livros amontoados, deitados. O móvel, herança da ex-patroa de Eudócia, cerca de 2 metros quadrados, continha mais de 2 mil livros em vários idiomas. Toda a vida miseravelmente ali. Às cinco da madrugada Eudócia saía em direção do Mercado da Escadaria da Praia dos Remédios. Benito passava manhãs dormindo, tardes na Biblioteca Municipal — onde às vezes era o único consulente. À noite trabalhava no jornal, nos puteiros e nos bares sórdidos. A Biblioteca Municipal tinha um precioso acervo. Os dois mil livros do guarda-roupa de Benito eram considerados, por seus discípulos (como eu), os mais importantes da história da cultura humana, de Homero a Machado, de Parmêni-des a Marx. Benito só lia matéria pesada, antiga ou moderna. A gente não compreendia como ele, bebendo tanto, podia continuar lúcido. Memória fotográfica e inteligência imediata.

NO *Diccionario topographico, histórico, descritivo da Comarca do Alto-Amazonas*, de autoria do Capitão-Tenente da Armada Lourenço Amazonas, publicado no Recife em 1852 — Manaus era uma cidade "em huma mediana e aprazível colina" que constava de uma praça e 16 ruas "ainda por calçar e illuminar', de casas cobertas de telhas com "900 brancos, 2.500 mamelucos, 4.070 indígenas, 640 mestiços e 380 escravos", população "que passa parte do dia em banhos que os levão aos lagos e às praias". Porém quando, em 1877 ali chega de Portugal o comerciante de borracha Manuel dos Santos Braga — Manaus já era moderna, apenas vinte anos depois.

Já idosa era D. Maria José, esposa do comerciante, quando pegou a menina Eudócia para ajudar na cozinha. Tia Eudócia não amava Benito, que lhe foi mais uma obrigação moral, seu dever no fim da vida. Eudócia era solteira, como todas as criadas daquele tempo, e pequenina, aparentemente franzina, sorridente. Sorria com toda a expressão das milhares de rugas do rosto — os olhos graúdos, a testa sofredora e larga. Trabalhou até bem tarde. D. Maria José gostava do seu serviço, sua limpeza, honestidade, silêncio, respeito, trabalhava como num ritual religioso, perfeita e anônima. A patroa quis levá-la para Portugal quando se foi, mas Eudócia não quis, e passou a viver das cocadas e das flores de papel que vendia ao lado da mesa de tacacá da Comadre Lula. Não. Eudócia também não o odiava, mas não o podia amar, nem ficou feliz ao vê-lo, pois ela, cansada, velha, teve de, a partir de então, sustentá-lo — aquele rapaz não ganhava nunca dinheiro para ajudar em casa, ainda que ela sentisse orgulho de tê-lo, e soubesse que ele a amava a seu modo.

Benito consumia o pouco dinheiro que ganhava no *Amazonas Comercial* comprando livros e bebida. E ainda tinha de pedir emprestado à Eudócia para o bonde de "Flores". Longas temporadas desempregado, lendo e escrevendo sem sair de casa. Ela estaria melhor sem ele? Antes dele, conseguira amealhar as economias que ele paulatinamente ia gastando pelo simples fato de ser. O trabalho dela dobrou. Benito era um pesquisador, um pensador, nada mais sabia fazer. Mergulhado no seu mundo interno, de onde só saía bêbado (e tinha de beber para aturar Manaus e os outros) não teria sobrevivido sem ela. Opositor nato, odiado pela classe dominante, Benito, pessoalmente insuportável, não perdoava a mediocridade de ninguém, não conseguira nem o emprego na Biblioteca Municipal, que almejava: Ele era a única voz de oposição naquela sociedade louvaminheira, laudatória, servil, risonha e patriarcal. E ele nunca amou ninguém, e nem se sabe de alguma mulher, além das prostitutas da Frei José dos Inocentes, para onde ia já muito bêbado. Benito era o inimigo da elite de quem Eudócia fora aliada e escrava — ela, porém, grata à patroa, que considerava uma espécie de santa, não compreendia o ódio do sobrinho, ódio de que, por isso, também era vítima.

DEZESSETE: A RUA DAS FLORES.

Conchita del Carmen esperou que o homem se voltasse.

Não havia ninguém naquela rua. Rua estreita, na Vila de Transvaal. Ladeira. Exuberância de plantas e flores. Do Rio Jordão, que ali passava, no fim da descida. Dois gatos se lambiam na calçada. Conchita, sentada numa cadeira de embalo, olhava o homem e lixava as unhas. Fernandinho de Bará, nervosamente, sorriu para ela quando o homem se voltou. Fernandinho estava de pé, ao lado dela, sob begônias. Antes que o homem se voltasse, ela não tinha reparado bem, distraída, examinando as unhas, a revista francesa caída sobre o colo. Conchita del Carmen uma mulher gorda, muito gorda e muito sexy.

ERA De Bará um travesti de meia idade. Começara a vida ali, como faxineira, contratada pelo patrão, o turco Pedrosa, de quem foi amante nos primeiros dias. De Bará, então nova, bela menina, pernas grossas e sorriso fácil, índia de cor clara. Discreta. Tímida. Meiga. O patrão, Pedrosa, sócio do prefeito, homem magro, careca e bigodudo, ficou com ela desde que ela chegou do Celismar, no Rio Embira, especialmente para aquele lugar famoso em toda a região amazônica — ela corrida do pai, que queria matá-la depois que soube das coisas. O escândalo na Vila do Celismar criou fama.

QUANDO chegou, jovem, De Bará personificava a Alegria. Fortíssima, bailarina, elétrica, esplêndido corpo feminino, prestativa e leal, amável e asseada. Trazia a Rua das Flores limpa, na energia de dez homens. A Rua das Flores fazia inveja a casa de madame. De Bará, sozinha, era capaz de limpar, em poucas horas, todos os quartos, como uma ventania. Não se cansava nunca, trabalhava o dia inteiro, desde as primeiras horas da manhã, e passava a noite brincando no seu resplendor feminino. Ruas enfeitadas de flores que cultivava nas casas transformadas. A antiga Rua das Velhas passou a chamar-se Rua das Flores sob seu reinado. E foi o regatão Saraiva, com sua sabedoria só de experiência feita, quem aconselhou a menina a procurar a vida de Transvaal.

FERNANDINHO mostrou valer uma Prefeitura inteira. Transformou Transvaal num ponto turístico, primaveril e poético, de referência, o mais belo da região conforme o digo eu, o Narrador: — vasos e canteiros de flores na calçada, no correr do meio-fio, no parapeito das janelas, na entrada das portas das casas. Foi o único paisagista da Amazônia, o primeiro a usar folhagens tropicais como elemento de decoração urbana. Era um monumento ao verde! A Rua das Flores foi sempre o mais belo jardim urbano que já vi em toda a história do Amazonas, com flores e plantas coloridas da região —

tajás, cipós, aráceos, leguminosas, heisterias, peperômias, flores de maracujá e beladona, crinum, palmeirinhas e até bananeiras ornamentais — um gênio da jardinagem!

De Bará imperou sozinho naqueles afazeres decorativos durante décadas. Tivesse nascido num grande centro cultural, De Bará certamente teria sido um artista plástico, um costureiro, cenógrafo, decorador. Como não tivera modelo ou escola, tudo partia de sua imaginação futurista. As portas e janelas da Rua das Flores pintou-as Fernandinho de Bará de amarelo-ouro, de azul-cobalto, de azul-violáceo-profundo, de vermelho venerável, de verde-esmeralda-brilhante — segundo a mistura e combinação de cores que lhe inspiravam as moradoras, como mandarins, ou fossem pássaros, ou mulheres pastoris de uma estranha família vert ou rose. Sobre as bandeiras pintou flores ou motivos, cogumelos de longevidade, patos com paisagem, cavalheiros míticos — toscos, é claro, mas que se transformavam em afrodisíacos vitrais, sobre as paredes das casas de argila recobertas de uma camada sempre recente de cal branca com gesso robusto em pasta grossa, camada da virgindade de guarnição de prata. Um inimaginável luxo. Quem ia à Rua das Flores nunca a esquecia: tábuas de madeira enceradas como as de palácio, com pequeninos tapetes de retalhos coloridos — oh, aquele lugar uma limpeza de esmero e arte cabocla, de feitiço, com santos em caixilhos, figuras emolduradas de Nossa Senhora das Graças. O lugar ficou familiar — bicha santa era aquela! — e freqüentado pelos senhores acima de qualquer suspeita, respeitáveis do lugar e redondezas, viajantes — que todos se reuniam à noite para as conversas proveitosas com as mulheres, conversas gerais e instrutivas, bebendo uma garrafa de XPTO e contando as preferidas. Lugar de sossego e descontração, seguro e calmo. Doméstico. E também apareciam pela manhã os imberbes alunos da Escola Municipal, gazeteando as aulas para se exercitar nas experimentadas rixas.

CONCHITA del Carmen já era a dona da Rua das Flores. Talvez você se pergunte o que tem a ver a Rua das Flores com esta estória. Verá.

Mas Conchita não acreditava no que estava vendo quase à sua frente. Aquilo nunca tinha sido visto antes, que Fernandinho, sempre atento às observações daquele tipo, lhe tinha chamado a atenção. Apesar dos anos, De Bará não tinha perdido a curiosidade dos explosivos e gloriosos primeiros tempos. Sim, era verdade.

Era um bugre alto e escuro, quanto à fortaleza dos músculos e dos membros, monstruosamente enorme, meio índio meio negro, mal vestido e descalço. Porém tinha, a seu modo, certa simpatia.

CONCHITA del Carmen vivia ainda sonhando com o filho do lendário Coronel Pierre Bataillon, que tinha sido o oposto daquilo que estava na sua frente. Zequinha tinha sido gentil, delicado, infantil e sensual. A fama com que o glorificavam como a maior fortuna de que se tinha notícia em toda a história do Amazonas o transformava num ser lendário — por isso Zequinha tinha sido o moço mais bonito que Conchita del Carmem já conheceu. Ele um dia apareceu: Maneiras finas, pinto pequenino, despertou nela não um amor à primeira vista, não. Quando ela o viu a princípio teve medo — o medo que os poderosos lhe despertavam. Depois sentiu espanto. Só no dia seguinte estava apaixonada. Mas era tarde. Então teria dado a vida por ele, sua escrava em troca de nada, tê-lo-ia seguido além dos limites da floresta em que ele se embrenhou e para sempre se perdeu.

Ela ainda tentou seguir, com todas as banhas e bandas, numa caravana de mulheres, em canoas, para as brumas do Igarapé do Inferno, em busca do Coronelzinho Batelão.

Zequinha fôra o príncipe perfeito. Tratara-a como a uma dama da corte. Oh, ela seria capaz de tudo! Zequinha só apareceu uma vez e foi logo com ela — que a escolheu dentre todas. Procedeu como se ela fosse rainha, delicadíssimo e meigo. E se aninhou no seu colo, criança indefesa, com delicado amor durante a noite, que passou em suaves conversas e ternura, naquele seu português afrancesado. Sentado no seu colo, nu, ele estendia os braços no seu pescoço e falava bem perto dela, de seu ouvindo — ela sentindo-lhe o hálito, segurando o corpo bronzeado, acariciando os cabelos escuros e lisos, contemplando os olhos brilhantes de uma expressão bondosa, inteligente e triste.

Não — ela não ia, por vaidade, se ufanar de ter tido nos braços o Príncipe das Amazonas, o dono do mundo, acostumado na corte européia, vivendo em palácio de rei, em ouro e pelúcia.

E isso não foi tudo.

ACONTECE que, depois de ter passado a noite com ela, em convívio amoroso, naquela madrugada ele, o príncipe, lhe deu um presente. A coisa é curiosa e digna de relato. Zequinha mandou acordar o homem — cujo nome não me quero lembrar — que era, ao mesmo tempo, o Juiz de Direito, Prefeito, Chefe de Polícia e dono do único Armazém de Transvaal e, não discutindo com ele a questão do preço, comprou, ali mesmo, para D. Conchita del Carmen, a famosa Rua das Flores, que tinha tido Pedrosa como sócio. Transação feita, dizem as más línguas, dentro do quarto, Zequinha em cueca, mandando que o Juiz lavrasse a escritura e fosse receber, em dinheiro vivo, no Manixi.

NO ano seguinte Conchita del Carmen engordou mais — pois ficou grávida. De tal forma que, no ano seguinte, teve um filho — o Maneco Bastos, um autêntico Bataillon.

POIS o monstruoso homem era o contrário do que tinha sido o príncipe perdido. Rica, poderosa, não precisava trabalhar. Olhando aquilo, enojou-se. O monstro se afastava em direção do fim da ladeira da Rua das Flores, o chapéu na mão com que os cumprimentara. Tinha chegado do Rio Jordão.

Mas voltou.

Voltava! ele passava em revista as portas das casas. Como era de manhã, elas dormiam. A princípio, o Mulo. Depois ... se decidiu por ela.

AS donas tinham dignidade naquela época. Negaceavam antes de ceder, o que aumentava seu valor. Eles pouco galantes, acostumados aos estupros, se viam valorizados, por desejar o difícil, que o que se oferece não merece consideração. Quanto a elas, senhoras de respeito, olhar emburrado e lábios de beicinhos, certo jeito ofendido de temerosas gazelas fugidias. Isso fazia parte do jogo do amor, uma cortesia. Damas requisitadas primeiro, machos rejeitados depois. Eles reassumiam o papel conquistador, mulher oferecida ofendia ao homem, a mulher era a desejada, a que cedia os seus favores como concessão. O macho tinha de conquistar, mostrar-se capaz.

E assim foi.

Mas Conchita não se sentia lisonjeada por aquela cortesia, mesmo fosse outro. Gordíssima, Conchita ainda era magnética, erotizava o corpo todo. Vivia em gozo. Principalmente agora, na voluntária abstinência. Não lhe faltariam fregueses, se quisesse. Mas ela se aposentara. Quantos anos teria, impossível dizer. Pintada, cabelos amarrados em coque na parte da nuca, flor vermelha no peito, os lábios carmesins, as banhas saltando à mostra pelo vestido de seda rosa, a cintura visível, as pernas enormes, grossíssimas, os pés metidos numas pantuflas com pompons vermelhos de pelúcia — não, não era feia.

Mas homem não queria. Principalmente um índio daqueles — via-se ali um assassino, um homem mau, com quem deveria desenvolver logo umas evasivas amáveis mas firmes falas. Aquilo era um bandido, ela conhecia bem.

Mas o homem se aproximava.

Meio envergonhado, como convinha tratar a uma senhora-dama, ele veio dizendo uns "bons dias ... ".

FOI quando De Bará deu um grito, olhando o homem de perto:

— D. Conchita, este é o Paxiúba, do Manixi.

Palavras mágicas.

DE repente se afigurou diante dela o guardião do príncipe perdido. Paxiúba era da confiança de Zequinha, dormia na sua cama, criado desde criança junto dele, adorando-o, como um cão. Aquele o protetor, capaz de matar pelo chefe, anjo-da-guarda do grande amor de sua vida. Paxiúba ali, ao alcance da mão. Ela nunca o vira antes, mas sempre soubera dele. Paxiúba não freqüentava prostíbulos. Estava envelhecido, mas ainda era um touro selvagem — e, por um processo rápido, imediato, de contágio, num relâmpago, ela estava apaixonada! Pois aquele corpo tinha roçado o corpo do Amado. Durante anos seguidos os dois tinham tido uma amizade de índio, um tipo de ligação meio homossexual, Paxiúba penteando o menino, tirando piolhos dos cabelos, dormindo esfregando-se nele, um colado no corpo do outro, como se amantes. Paxiúba dava-lhe banho nos igarapés. De repente aquele corpo enorme e significativo passava a ser para ela uma ampliação em negativo do outro, um monumento do desaparecido, e ela estava, naquele instante, e assim ficou, apaixonada.

A Rua das Flores talvez tenha sido um dos lugares mais familiares da Amazônia. Lá não se falava de ninguém, e uma invisível atmosfera, lei implícita, ditava que não se olhasse o que o outro fazia. Coisa considerada natural o fato de ali estarem. Talvez por isso todos se sentiam à vontade, como nas suas próprias casas, livres de culpa, sem a consideração do valor de seus atos — mas, advirto bem, dentro das normas da convivência respeitosa e harmônica. Por exemplo: ali não se falava alto. E não era permitido embriagar-se. A Rua das Flores, tão antiga — teria décadas de funcionamento — conseguira impor às pessoas que a visitavam uma conduta própria. Um alívio para burgueses cheios de culpa que a freqüentaram. Era de praxe ninguém se cumprimentar, revelar conhecimento. Como ninguém seria capaz de perguntar: "Já vai?" na hora da saída. Ninguém esperava ali encontrar parente ou conhecido. Principalmente porque poucos — só viajantes — circulavam livremente por toda a extensão da rua.

É claro que sempre se encontravam aqueles tipos que chegavam triunfais, como se dissessem: "Meninas, cheguei!", ostentando o estar ali como prova maior e pública de suas próprias existências e machezas. A grande maioria, porém, fregueses assíduos, aparecia discretamente, às escondidas, nas escapadelas do cotidiano familiar — alguns com o horror estampado na face, o medo de ser reconhecido, e vinham de cabeça baixa, chapéu abaixado, passos rápidos, se escondendo ao penetrar aquelas portas familiares que eram logo fechadas. Assim o Doutor Juiz, ou os filhos da D. Consuelo, os seminaristas da Ponte, ou o próprio vigário, que aparecia ao nascer do dia, antes da missa, quando a cidade ainda era um deserto.

À hora da saída, a aflição de alguns senhores aumentava. Pois, desafogados com o competente trabalho profissional, eles já não eram tão impetuosos, voltavam aos arrependimentos e culpas de pais e avôs de família, personagens veneráveis que a Vila soubera sempre bem respeitar. Por isso era comum que, quando aqueles fregueses acabavam de exercer suas funções, Fernandinho de Bará ia ver se a rua estava livre, dar uma olhada na esquina. E aqueles senhores então partiam em disparada, nervosos como se acabados de praticar o hediondo crime, ou fugissem das labaredas do inferno.

DEZOITO: ENCONTRO.

Era uma noite chuvosa e escura, cortada por clarões de relâmpagos. Não havia nenhuma iluminação naquela rua, só vento sobre telhados molhados. Os olhos do homem tinham dificuldade de encontrar o caminho. Ele atravessava a Ponte dos Educandos, pisando em poças d'água.

E entrou no Chalé, no centro da Praça Heliodoro Bálbi — pediu um conhaque, bebeu, pagou e desapareceu debaixo do guarda-chuva em direção à Ponte. Na sua cabeça, só pensamentos de dúvidas e apreensões.

Depois da Ponte, desceu por um caminho estreito até a outra ponte de madeira no meio da qual esperava encontrar alguém, e ali acendeu um cigarro. A chamazinha lançou no ar uma luz amarela, como um sinal, um farol longínquo. Dali ele via o perfil da cidade ao largo, vazia, morta, envelhecida. A chuva diminuía. Benito Botelho esperou algum tempo, depois avançou. A pequena brasa do cigarro, debaixo do guarda-chuva, foi certamente vista por quem ele esperava encontrar.

ELE estava corrigindo as provas quando bateram na vidraça pelo lado de fora da janela dos fundos da oficina do *Amazonas Comercial*. Só ele e o Margarido linotipista de lá. Benito interrompeu o trabalho e foi ver, mas quando chegou na janela mal pôde perceber a figura evasiva de uma índia velha no escuro que lhe falou rapidamente. Ela disse-lhe algo e desapareceu.

Quando ele não conseguiu mais vê-la, voltou para a banca e, apreensivo, apagou o cigarro, abriu a gaveta, de onde tirou um revólver, que pôs no bolso do paletó, e logo partiu dentro da chuva veloz em direção aos Educandos Artífices.

Benito foi até o começo da ponte de tábuas que a índia lhe tinha indicado, passagem para o Igarapé dos Educandos Artífices ligando uma ilha ao continente e onde houvera a Ponte da Glória, que atravessava o Igarapé dos Remédios. A chuva diminuía mas ainda molhava a ponte de tábuas que Benito estava usando para atravessar.

Foi quando, crescendo e avançando, a figura de um caboclo velho e negro, sinistro, alto, fedido a cumaru e urina, curvado e monstruoso vinha como um demônio armado, urrando feito fera.

Benito atirou no meio do tórax, matando-o. Benito o matou, sim. O morto era Paxiúba, o Mulo.

UMA semana depois Benito subiu o Rio Jordão, entrava pelo Igarapé do Inferno. Durante horas a lancha navegava o igarapé, costeando margens onde outrora havia a riqueza da borracha. Aquela região estava despovoada há décadas. A lancha como pedia licença para penetrar na selva cheia de gritos de desconhecidos pássaros, cortada de cipós, espinhos e alagados. Um inusitado silêncio os aguardava — Benito e os homens da primeira expedição que o jornal *Amazonas Comercial* organizara em busca do coronel Zequinha Batelão. Abraão Gadelha estava convencido de que o resultado lhe daria vantagens políticas.

DE repente, o silêncio foi cortado por um grito: o caboclo Jutaí mantinha a boca aberta como se fosse vomitar. Caiu dentro d'água, e todos começaram a atirar para todos os lados sem saber de que lado partira a flecha.

Assim acabou a primeira expedição de Benito Botelho. Dali mesmo voltaram, dando tiros a esmo, sem nada ver na mata. A descida foi rápida, a favor da correnteza.

— Não pudemos avançar — disse Benito pessoalmente a Gadelha — teríamos de ter um verdadeiro exército ...

Mas Benito trabalhou por outros meios para descobrir o que tinha acontecido com Zequinha. Na série de reportagens que escreveu (todas aproveitadas aqui), reconstruiu o apogeu do Seringal Manixi. Ouviu depoimentos, consultou jornais.

DEZENOVE: MISTÉRIO.

Era impossível salvar o *Armazém das Novidades,* do qual só restavam móveis velhos, um luxo fora de moda. Apesar de tudo, Ribamar abria diariamente a loja. O patrão não aparecia, para não se humilhar junto aos credores. Abatido, prostrado, quase sempre bêbado, se escondendo em casa como se uma doença o tivesse aprisionado. Juca das Neves envelheceu logo. Era um homem aniquilado? O dinheiro começava a faltar para a alimentação. Ele vendia objetos e jóias para poder ir ao mercado. Naquele dia se vencia uma das letras que ele não podia saldar. Por isso estava afundado na cama, à espera da morte.

Mas Ribamar apareceu no limiar da porta.

RIBAMAR não tinha aberto o *Armazém* naquele dia. Já estava amasiado com alguém que você finalmente vê aparecer nesta minha obra — Diana Dartigues. Mas ainda a deixarei em paz, por enquanto. Diana era muito mais nova do que ele.

Fazia anos que ele trabalhava ali, quase sem nada receber. Mas Ribamar aprendeu com espantosa velocidade e logo compreendeu a situação da firma. Juca das Neves tinha sabido confiar nele — em parte porque ele era único. Como sinal de amizade, deu-lhe um cômodo na parte superior da casa, um aposento confortável, com duas janelas que se abriam para o jardim. Mas Ribamar quase nunca dormia ali, pois já tinha conhecido a misteriosa Diana Dartigues que ninguém sabia quem era nem de onde tinha vindo. Alugara uma pequena casa na Vila Municipal, casa que tinha sido do diretor da Manaus Harbour, Barão Rymkiewcz, quando ali chegou, em 1900. Certamente Diana pagava o aluguel. Mas Ribamar já não era o mesmo. Elegante, bonito e bem-cuidado, tinha-se transformado no homem que você veio a conhecer já velho. Andava com as melhores roupas, e herdara os ternos de Juca das Neves, que tivera o mesmo corpo do rapaz. Ribamar exibia-se numa coleção de paletós caros, o H.J. inglês, camisas de seda de colarinho duro. Juca das Neves tinha sido riquíssimo, encomendara suas vestes nos melhores costureiros europeus. Quando Juca das Neves voltava de Paris trazia uma coleção parisiense. Era mais vaidoso do que sua mulher e filha. Tinha um guarda-roupa que daria para vestir dez homens. Mas engordara, não trabalhava e vivia bêbado. Juca das Neves via a miséria como realidade concreta. Somente com Ribamar se abria — D. Constança, já completamente louca, não o podia confortar.

— Diga-me, seu Juca: Quanto valem suas casas na Frei José dos Inocentes?

— Nada, meu filho — respondeu o velho, cansado. São casas velhas, hipotecadas ...

Ribamar avançou sobre a cama e sentou-se numa cadeira próxima. Acendeu um cigano. Estava estranhamente calmo. Estava estranhamento confiante. E começou a falar.

A conversa foi demorada. Juca das Neves, a principio ouvia deitado, como morto. Depois, ficou sentado. E pôs os pés para fora da cama. E foi ficando de lado. E se levantou, ficou andando pelo quarto, de um lado para outro. A princípio lento, depois animadamente. A seguir começou a vestir-se — e por fim saiu com o moço, estava outro! estava mudado! já era outro homem.

Do que se depreendia da conversa, e se ficou sabendo, Ribamar ia conseguir que as dívidas fossem adiadas, e ele, Ribamar, ia viajar no dia seguinte até Transvaal, na Rua das Flores, que estava à venda, e ia ele, Ribamar, fazer em pessoa uma proposta à Dona Conchita del Carmen, e trazer as mulheres de lá para a cidade de Manaus, para as casas da Frei José dos Inocentes, onde iam ser instaladas. Em suma, Ribamar ia abrir o maior negócio da história da crise amazonense e único rentável. Que ia prosperar dali em diante, principalmente porque teriam o apoio da família Gonçalves da Cunha, do Comendador Gabriel, então Governador, que daria a proteção policial, e Juca das Neves se comprometia a saldar as dívidas quando o lugar estivesse funcionando a contento.

Foi o próprio Antônio Ferreira, aliado do velho Gabriel, quem selou o contrato. Para Ferreira era melhor esperar para ver, do que perder tudo, pois já nada de Juca das Neves poderia ser vendido e tudo estava penhorado ao *London Bank*. As letras foram substituídas por outras letras, pagáveis em cinco anos. O mistério estava em saber como Ribamar arranjou tanto dinheiro. É claro que vinha de Diana Dartigues.

Depois de alguns anos Ribamar de Souza não só resgatou as dívidas da firma como começou a liberar as casas, sob penhor, e não só as da Frei José dos Inocentes, como a da Rua Barroso, e o próprio prédio do *Armazém*, que ficou durante todo aquele tempo fechado. Ribamar, com auxílio de Juca das Neves, modernizou o *Armazém das Novidades,* passando a representar vários produtos norte-americanos, como as máquinas de costura Singer — de enorme popularidade. Ribamar expandiu os negócios e começou a ameaçar o império comercial da poderosa família Gonçalves da Cunha e de seu ex-genro Antônio Ferreira. Foi nessa época que Ribamar finalmente se casou — em cerimônia discreta, porém elegante — com Diana Dartigues.

ANOS depois Ribamar de Souza era apontado como uma das fortunas mais sólidas de Manaus e inimigo político do Comendador Gabriel e de seu ex-genro. O velho Gabriel perdera prestígio na Capital Federal. Havia um mistério envolvendo a origem do poder de Ribamar de Sousa que ninguém conseguia saber. E não sei se você se lembra da figura de Diana Dartigues. Alta, magra, esguia, elegante, Diana tinha uma pequena cabeça oval, sobre a qual escorriam os longos cabelos muito lisos, negros e brilhantes. A pele morena, os olhos amendoados, o pescoço, comprido e ereto, as mãos finas, longas. Não se podia dizer bonita, mas era uma mulher exótica. A última vez que você deve tê-la encontrado foi no cemitério, no enterro de Juca das Neves.

VINTE: NOITE.

Eram sete horas da noite. Benito teve de esperar que Frei Lothar, velhíssimo, acabasse de tomar a sopa, antes de poder falar. O Frei, expressão amargurada, fraco, depois da sopa, teve de ser erguido para cair, prostrado, num sofá próximo. Benito acendeu um cigarro e ouviu:

— À caxinauá. Você tem de descobrir a Caxinauá. Só ela sabe, dizia, passando os artríticos dedos sobre o joelho do moço.

Uma índia veio trazer-lhe um café — ele tomava café dia e noite. Benito aceitou uma xícara. Nas mãos do frei a xícara tremia, os dedos longos, magros, como uma galhada.

— A Caxinauá deve ter voltado para o Igarapé do Inferno. Paxiúba tentou matá-lo, hem? — perguntou o Frei.

— Sim, respondeu Benito.

— Mas Paxiúba, por quê? — o Frei franziu ainda mais a testa.

— Sim, fui atacado por ele, dei-lhe um tiro, mas creio que não o matei.

— Graças a Deus ... — disse o Frei. Graças a Deus... Mas ele não está com a Conchita del Carmen?

— Não — respondeu Benito. Ele a matou.

Pausa. Silêncio, o Frei suspirou, olhos lacrimejantes.

144

— A Caxinauá deve de ser encontrada na Praia do Cuco, se a conheço bem. Lá desapareceu Zequinha Bataillon. Você tem de alcançá-la. Sem ela, nada saberá. Escute, meu filho. Pierre, antes de vir para o Brasil, morou em Paris. Deve de ter parentes lá. A última vez que o vi foi no Manixi. Ele deve ter trazido aquela pistola de Paris, disse o Frei. E calou-se por um longo tempo.

— Ela é a prova do crime, acrescentou, por fim.

Era uma pistola belga do final do século, de prata. Muito popular naquela época. Uma relíquia. Eu a vi, várias vezes, no cinto do Bataillon.

— Eu a vi no Rio Ji-Paraná, disse Benito. Personalizada. Tem as iniciais "PB", em ouro ...

— Encontrei-a perto do Igarapé do Riachuelo, continuou o frei, na mão do índio Iurimã, casado com a índia Caciava, que me disse que tinha ganho a arma de Zequinha Bataillon, antes de morrer. Mas eu sei que eles mentiam. Iurimã era homem da tropa de guerra.

O frei continuou:

— A fortuna de Zequinha pode ser calculada hoje em 20 milhões de dólares.

E depois de um silêncio:

— Pierre era bom músico, toquei com ele a Kreutzer, atrasando o andamento. Eram noites inesquecíveis no meio da maior floresta, naquele salão iluminado, cheio de cortinas e tapetes, tocando a Kreutzer de Beethoven. Ele no piano, um autêntico Pleyel, de cauda, mas pequeno. Ele tocava bem, era ágil, nervoso, indócil, inquieto. Aquela sonata tem um módulo que se repete, e sobre esse par de notas Beethoven vai construindo a intriga, uma trama de perguntas e de respostas, indagações, uma seriação de questões amorosas, apaixonadamente transcendentes, que o violino pega e alonga, desenvolvendo, em diálogo com o piano, em rápidas e fortes frases... O segundo movimento conta uma história curta e simples, conseqüência da anterior, que o violino repete, reconta, reforça, concorda, apóia e retoma. O violino entra com alma...

Frei Lothar ouvia a música na imaginação, olhos lacrimejantes. Era mais músico do que místico. Como místico, foi médico.

— Aquele palácio — disse o frei — era um museu de quadros e cristais, prataria, limoges. Com quem ficaram os brilhantes de D. Ifigênia? Os brilhantes, grandes, eram a ostentação daquela casa. Um dia Ifigênia foi a Belém assistir a Pavlova, com quem jantou no hotel. Era amiga de intelectuais. Veio a Manaus para ver aquele autor de best-sellers da época ... como era mesmo o nome dele?

— Coelho Neto...

— Sim. Ifigênia se correspondia com ele, ele tinha uma letra maravilhosa. Ifigênia freqüentava a casa de Thaumaturgo Vaz. Em 1889 ela recepcionou o Conde d'Eu, na Vila Municipal. Mas ela gostava de ficar no Hotel Cassina. Lembro-me dela, em 1883, acompanhando Paes Sarmento à Conceição, para o cerimonial da entrega da comenda com que foi agraciado pelo Imperador — a Comenda de Oficial da Imperial Ordem da Rosa. Quer outro café?

Frei Lothar perdia-se em recordações.

— Mas com quem ficaram as libras de ouro? — perguntou Benito, voltando ao tema central de sua visita.

— Não sei. Nem os quadros.

— Os quadros estão em casa de Ferreira, disse Benito.

— Verdade? Havia um Fromentin, na sala de música. Avançaram nos bens dos Bataillons ... mas como você vai provar isso?

Houve um grande silêncio, algo mortal, naquela sala.

— Como vai provar que eles mataram Zequinha Bataillon?

Ninguém disse mais nada. Até que o Frei suspirou:

— Oh, quanta coisa aconteceu! Perto da Cachoeira Cristal, Pierre construiu um chalé japonês. Tudo desapareceu. Assim também no Seringal Matrinchões, no Calama. No Ayucá, o proprietário, não me lembro o nome, antes de ir-se embora tocou pessoalmente fogo em tudo o que não pôde levar. Ah, terrível. Ah, sim, era o Rigoberto. Vivia em luta contra os catuquinos, contra os turunas, os campos, os maias. Na Ponta da Poedeira, eu tive de fazer um parto, perto do Ayucá. A mulher morreu ali, nas minhas mãos, mas pude salvar a criança. No Rio Jantiatuba, que corre muito forte...

E seguiu-se um prolongado silêncio.

— E as libras, frei, e as libras? — perguntou Benito. Com quem ficaram as libras?

Mas o frei estava dormindo.

VINTE E UM: O PÓRTICO.

Via aquática, monótona, através dos verdes meandros da mata submersa, a marcha prosseguia.

Era a segunda expedição de Benito Botelho em busca de informações a respeito do desaparecimento do jovem Bataillon. Há vários dias a paisagem era a mesma. O som do motor, ritmado pela fumaça da chaminé sobre o ar limpo, o calor úmido e a copa das árvores, arriadas pelo sol pesado e forte, o chão líquido filtrado pelos raios através do verde escuro, as minúcias de luzes em redes de cobertura fofa, arriscada, acamada de folhas secas como patê silvestre, pavê molhado, folheado, cremoso, marrom, onde se deitavam flores selvagens — sim, aquilo era o Igarapé do Inferno revisitado, depois de tanto tempo, invadido, muito além do ponto onde a expedição anterior tinha chegado. O Igarapé do Inferno, embora fundo — um navio de bom calado podia navegar — era uma armadilha, camuflada, estreita, em que tinham entrado desde o Igarapé Bom Jardim. Uma ilha engastada na foz fechava-o por dentro. Escondia a mata molhada, literária. Um observador de bom olho não o veria, por trás da glorificação daquele esplendor vegetal. A lancha, que se chamava Solar, penetrava-o como lâmina de faca, sincopada e intrusa, comprida, naquele parque aquático de gigantes antigos, insatis-

148

feitos por serem incomodados, dignos, altaneiros. Era o rumo ignoto, inominável, distante, da paragem dos seres mágicos Numas. Dir-se-ia que as estruturas arcaicas do mundo estavam escondidas ali, que lá o mundo terminava, nos seus desconhecidos motivos.

Havia trinta anos ninguém navegava naquelas águas. Benito e seus homens poderiam ter passado pelo furo do Embira, desde Tarauacá. Mas, vindo assim, através do Rio Jordão, a viagem poderia tocar na pele secreta da fera que tinham necessidade de encontrar e surpreender a qualquer momento, depois de qualquer curva, como se aquilo fosse um monstro pré-histórico. A Solar era um lancha típica da Amazônia, oito metros de comprimento, parte central fechada, banco do timoneiro debaixo da cobertura da proa, janelas, beliches, motor de centro, latões de combustível debaixo de bancos sujos de graxa. As voltas eram intermináveis. Benito não se lembrava do lugar onde passara a infância. A região estava abandonada e entregue ao domínio Numa, que baixaram das montanhas peruanas. Centenas de pessoas haviam morrido naquelas matas cheias de seringueiras. Centenas de pessoas atravessadas por dardos venenosos de penas de guará vermelho. Aquilo era o esconderijo final da face da terra a civilizar.

Sentado sobre a escotilha, com o rifle municiado nos joelhos, o pesado Winchester 92, calibre 44, Benito era um homem aparentemente feliz. Criado em biblioteca, complexão frágil, aquela viagem o reanimava, o excitava.

A carreira política de Abraão Gadelha crescera no Estado Novo. Ele teve apoio de Vargas, e para diminuir a força do adversário tentava descobrir no passado o suposto crime cometido contra Zequinha Bataillon, que teria sido praticado por ordem de Gabriel Gonçalves da Cunha e Antônio Ferreira. As investigações tinham dado em nada, mas não desistia o velho jornalista. Na realidade Gadelha queria, pelo menos, lançar suspeitas a respeito, o que bastaria para denegrir a honradez da corrente adversária — próximas as eleições para Governador, decisivas para consolidar a sua liderança ameaçada. A morte de Zequinha determinou uma série de fatos de conseqüências vitais para a política amazonense. Gadelha tinha sido o Interventor Federal, e agora candidato pelo voto direto, ao Governo do Estado, na chapa que tinha Ribamar de Souza concorrente ao Senado. Como você se lembra, a suplência de Ribamar seria sua própria esposa — Diana Dartigues.

Ribamar era um aliado poderoso de Abraão Gadelha, e os dois — como forças complementares — vinham tentando destruir o ressurgimento da política Gabriel Gonçalves da Cunha e de seu ex-genro.

UM crime daquela época poderia envolver o nome num episódio obscuro, sangrento e não sabido — era o que pensava Ribamar de Souza, empresário bem sucedido, que representava a modernidade, a industrialização, a entrada do Amazonas no novo tipo de capitalismo não extrativista:

150

Ele tinha uma cadeia de lojas de departamentos que se ramificava em Belém e São Luiz, possuía um hotel no Rio e ainda conservava as casas de mulheres da Rua Frei José dos Inocentes. A investigação prosseguia, segredo jornalístico de Abraão Gadelha. Ribamar fora contrário à idéia — o feitiço poderia voltar-se contra o feiticeiro: Ele, Ribamar, havia sido na infância, amigo de José Bataillon (e sempre se comentava a obscuridade da origem de sua imensa fortuna). Mas Gadelha queria lançar suspeitas: um crime compensaria a desequilibrada balança da opinião pública.

NÃO fôra fácil organizar aquela expedição, Benito Botelho não dizia a verdade. Para uns estava a serviço de um empresário paulista, disposto a comprar terras. No Porto-das-Duas-Canoas teve de evitar tocar no assunto para a tripulação, caboclos que não topavam visitar o Igarapé do Inferno e as terras dominadas por índios e abandonadas há anos...

Súbito, na margem do rio, apareceu uma mulher vestida de verde que dançava na parte elevada do terreno: com o braço levantado sustentava um vaso de onde partia uma seringueira já crescida. O tronco da árvore passava por trás da estátua de mármore, agora verde, que D. Ifigênia Vellarde tinha trazido da Europa no fim do Século passado.

ATRÁS daquela mulher congelada estava — magnífico, supremo, inominável, majestoso — o Palácio Manixi!

TINHAM chegado ao Manixi.

O choque era alucinante e belo.

Das janelas abertas saíam grossos e longos galhos de árvores frondosas, nascidas por dentro, e assim parecia que o Palácio tinha criado asas e ia começar a voar.

O Palácio se cobrira de uma pátina de beleza extraordinária, de uma vitalidade monumental — estava ali, vivo, lavado, enlouquecido marco de seu tempo.

Era um santuário, dominava o ambiente, um templo antigo, perdido no meio da floresta, de uma outra era. Toda a luz ao redor irradiava dele, de uma civilização de um outro século, de um outro mundo desconhecido, limite vivo do luxo e do esplendor da borracha do fim do Império.

A floresta avançava contra ele, construindo um estranho cerco, sobre a moldura e irisação de sua arquitetura antiga, coberta de cipós e de galhos de uma folhagem abundante, que vinha de dentro dos salões requintados e criavam a aura de um extasiante espetáculo.

A lancha aportou e Benito desceu e se aproximou da escadaria de mármore. Uma cascavel se recolheu por baixo das pedras soltas da guarnição.

Ali estava todo o passado da Amazônia, sobre os degraus cobertos de folhas secas, sobre o fino e florido gradeado de ferro carcomido e enferrujado.

A porta estava aberta. Do pórtico, Benito viu, no meio do amplo salão, sobre o chão de tábuas corridas cobertas de plantas e a ruir, intacto, nobre, faústico, o reduzido piano de cauda Pleyel de

Pierre Bataillon. Era a única peça do aposento, o único móvel que ficara e ali estava, abandonado, fechado, reprimido, sufocado, em silêncio, como após um concerto, quando se apagam as luzes e o teatro fica vazio e despovoado.

MAS todos os suntuosos fantasmas exsurgiam dali. Toda a História desfiava o seu curso. O tempo ali se congelava, inerme, no meio dos amplos salões, desaparecendo ao longo daqueles mesmos corredores, escorrendo ao longo das paredes pesadas de estuque, lúgubres, de uma decoração barroca. Eram seres invisíveis que despontavam, uma vez mais, arrastando longos e pesados vestidos de veludo verde, envergando reluzentes casacas, esquálidos, saídos daquele sepulcro do luxo daquele tempo, através daqueles amplos espaços povoados de símbolos, dentro daquela enorme construção de um outro mundo, do fim de um mundo de onde todos tinham fugido, povoado de demônios, culpados, expiando suas culpas mortas.

E à noite desfilavam, ao longo daqueles corredores, através da seriação de janelas e portas, refletindo suas sucessivas silhuetas nos espelhos apagados, misturando-se com figuras pintadas nas paredes, e famintos, gélidos, sem ousar sair ao jardim abandonado, aquém do porto as ornadas figuras de fino e feroz olhar que não permitiam a ninguém penetrar naquele santuário do desperdício da riqueza antiga e condenada, ninguém pudesse subir aquela escadaria e atravessar aquelas salas além daqueles mármores trazidos há incontáveis anos para ladear-se com o cinzento e o estilizado. Era como se dissessem: "Desaparecei!". Ou como se ameaçassem: "Afastai-vos!".

E à noite a figura do antigo e descamado dono poderia ser vista, através das janelas, como se o iluminasse uma catedral, mostrando-lhe a face horrível e desesperada, os olhos mergulhados no escuro, à procura de algo, à procura do tempo, à procura de si — e passando sem que ninguém o visse na sua infinita miséria. E todo o esplendor daquele luxo antigo era uma torturação sinistramente mergulhada na destruição de um império ali por fim silenciado.

VINTE E DOIS: JORNAL.

Durante algum tempo Benito Botelho parou na casa de Abraão Gadelha sem se animar a entrar. Na Rua Joaquim Nabuco, 32. Dois andares, estilo mourisco.

Pressentia que estava desempregado. Alguns anos atrás não se inquietaria, mas a situação agora era outra. Tia Eudócia estava velha, doente, não se levantava da rede. Ele tinha de providenciar algum dinheiro para cuidar dela, pagar uma cabocla e em Manaus as oportunidades agora eram raras.

Surpreendentemente Gadelha o recebeu amável e o convidou para jantar.

Gadelha antevia a derrota nas urnas. Faltava um mês para as eleições e Antônio Ferreira levava vantagem sobre ele. Ferreira era mais ágil, mais forte fisicamente, mais simpático e só fazia política, não trabalhava noutra coisa. Ao contrário, Gadelha raramente estava em Manaus, ocupado no Rio de Janeiro, onde morava; Antônio Ferreira era um político profissional; Abraão Gadelha, um jornalista e empresário e o prestígio de seu padrinho Vargas entrava em declínio.

Mas Gadelha formaria uma aliança com Antônio Ferreira nos primeiros anos. Como o Estado do Amazonas não tinha saído da situação préfalimentar em que ficara desde o fim do império da borracha, seria impossível que Ferreira fizesse um bom governo e por isso no fim Gadelha romperia com ele, acusando-o de corrupto e irresponsável e assumiria de novo o poder, elegendo Ribamar de Souza seu candidato.

Ribamar de Souza, entretanto, estava eleito para o Senado.

Abraão Gadelha contava com Benito Botelho para escrever matéria pesada contra o governo por vir. Benito escreveria artigos assinados, polêmicos, pondo muita lenha na fogueira, como só ele sabia fazer. Enquanto isso, Gadelha iria para o Rio. Quando as coisas amainassem, voltaria para Manaus, demitiria Benito Botelho e faria a aliança com o novo Governador. Sabia que só Benito teria a coragem para o ataque direto. Benito figurava nos seus planos. Benito nada tinha a perder. Já tinha a cabeça a prêmio há tempos.

O almoço era simples. Comiam numa mesa ampla, posta pela metade com a toalha dobrada. Gadelha vivia só, longe da família. Feijão com arroz, peixe frito e cozido, farofa de banana.

— E então? — perguntou o patrão, de repente, o garfo na mão. Nada descobriu?

Benito Botelho bebeu um gole de cerveja antes de responder. Sentia-se culpado pela derrota do partido.

— Nada — disse. Mas ... encontrei algo que não procurava.

— Sério? Pelo menos que nos dê boa matéria e compense o dinheirão perdido. Conte-me.

— É algo impublicável, infelizmente — disse Benito.

— Então melhor do que eu pensava.

— Escute, Gadelha: Vamos por partes ... Você conhece a estória daquela índia Caxinauá?

— Quem?

— Eu lhe contei, Gadelha. Foi criada no Manixi, com Zequinha Bataillon. Foi sua ama.

— Sim, me lembro — disse Gadelha.

— Acontece, Gadelha, que Maria Caxinauá está viva e é avó de Diana Dartigues...

Gadelha se engasgou.

Gadelha tossia, muito vermelho. Bebeu um gole da cerveja.

GADELHA não se refez facilmente. Então o poderoso Ribamar de Souza, seu aliado, que tinha vindo do nada, do povoado de Patos em Pernambuco, de onde partiu com duas mudas de roupa na mala, amarrada, costurada, revelava seu segredo? A cabeça de Gadelha trabalhava numa velocidade espantosa. Porque Diana Dartigues era um mistério para todos. Ninguém sabia da origem da fortuna do casal. O dinheiro apareceu como por encanto.

As crônicas sociais alimentavam o mito — Diana Dartigues. O Ricardinho Soares dizia: "Diana é divina". Ela era citada como uma das mulheres mais elegantes do Brasil, na coluna do Ibrahim Sued, do Rio de Janeiro. Magra, alta, elegante e sensual, ninguém lhe negava o lugar que sempre ocupou, na mais avançada moda do seu tempo. Seu andar, sua maneira de jogar os braços para frente, o jeito de torcer o pescoço comprido, garça pernalta, gestos estudados, manequim francês. Diana não andava — desfilava. Sempre com vestidos claros, ressaltando a tez morena, sempre com sapatos altos. Quase não usava jóias, sempre na medida certa — pequeno broche, ou um único anel no dedo, um colar de pérolas. E só. Às vezes, uma fitinha no pescoço, com um rubi.

Era belo assistir ao casal Ribamar-Diana saindo daquele Buick branco com chofer. Ribamar, bem mais velho, tipo de empresário, sorrindo para todos. E Diana, de chapéu, leve sorriso, digna, alta, magra, aristocrática, um pé, outro pé, jovem, braços levantados para frente, ou jogados para frente com displicência, quadris meio tortos, mas sem exagero.

O belo casal. Mesmo os adversários a respeitavam e temiam.

— MAS isso não é tudo — continuou Benito.

— Como você descobriu essas coisas? — perguntou Gadelha.

— Uma índia, chamada Irini, me contou. Foi ela quem criou a menina. Foi ela quem a trouxe para Manaus... estive com ela.

— Você ia dizendo...

— Sim. Veja, Gadelha. Juca das Neves estava falido. Quem pagou as dívidas?

— Nunca se soube, disse Gadelha.

— Ela — Diana Dartigues!

Abraão Gadelha olhou o interlocutor descrente, mas Benito continuou:

— Maria Caxinauá, há muitos anos, roubou um cofre de ferro cheio de libras de ouro do velho

Pierre Bataillon. Ela escondeu aquilo durante todo aquele tempo, e depois deu as libras para a neta começar a vida...

— Você não acha essa história muito extravagante?

— Acho, e é, disse Benito. Mas é a verdade.

Levantando-se, pois o almoço terminara, foram para o jardim interno. O mosaico português, as paredes envidraçadas, as cadeiras de palhinha. O jardim era um orquidário circular com um tanque no centro, Cattleya Superba, Cattleya Eldorado, feéricas, alucinadamente belas. Sentaram-se no meio das orquídeas, lugar predileto do dono da casa, onde Gadelha recebia os políticos. O ar quente saía por clarabóias do teto. Efeito de estufa úmida, de jardim botânico.

— E a mãe de Diana? — perguntou Gadelha.

— Morreu há muito.

Ficaram em silêncio. Depois Benito falou:

— Sabe quem é o avô de Diana Dartigues?

— Quem?

— Zequinha Bataillon... Diana é neta de Zequinha com a Caxinauá.

VINTE E TRES: FIM.

Anos depois, eleito Antônio Ferreira para o Governo, e tendo sido feita a aliança com Abraão Gadelha, Benito Botelho estava realmente desempregado.

Vejo-o no Bacurau, bebendo o último dinheiro, ganho com um discurso para o Deputado Fonseca Varella. Benito bebia o discurso ouvindo falar o regatão Saraiva Marques, que estava ali em companhia de um bigodinho baixo, feio, magro, o Maneco Rastos, filho de Conchita del Carmen.

Maneco dizia, entretanto, que seu pai fora o ilustre filho de Pierre Bataillon. Maneco bebia muito, estava endividado no Bacurau, que perdia fiado. Aquele era o lugar predileto porque tinha a erudição do mestre Benito.

Mas Benito estava em decadência, e Maneco não o podia valer. Benito Botelho bebia cada vez mais, ficara sem a tia, estava mais magro, mais pálido e mais trêmulo. Caía na rua e perdera o antigo brilho. Bêbado, já não dizia nada coerente, parado, inerte.

Então o regatão Saraiva Marques assim falou:

— Sabem o que aconteceu com Zequinha Bataillon?

Benito Botelho, que estava muito bêbado, ergueu a cabeça, olhou para o velho, mas não o pôde ver.

— Depois de dez anos desaparecido, reapareceu na praia do Cuco onde tinha sumido: Estava louco. Maria Caxinauá o encontrou e o escondeu durante anos. Um dia, ele piorou e ela teve de amarrá-lo. Ele ainda sobreviveu assim, amarrado, por alguns anos. Quando morreu, ela o enterrou às margens do Igarapé do Inferno...

Mas aquilo que parecia uma estória era a verdade. Saraiva se calara. Fez-se um silêncio. Era a Morte.

Então Benito se ergueu a custo e começou a recitar um poema de Álvaro Maia, chamado *Noite*.

A noite é fomidanda. Exsurgem atros abismos...

Benito recitava de cor. A sonoridade das frases ecoava no ambiente. Homem sensível, Maneco se impressionava com aqueles versos que conhecia bem. As palavras saíam da boca alcoolizada com troar de tempestade.

Uma prostituta nova entrou no Bacurau e sentou-se à mesa onde havia restos de comida. Um gato se lambia sobre o balcão e a fumaça dos cigarros o envolveu. A voz empostada de Benito bêbado continuou:

Na lúgubre eclosão das tragédias eternas ...

Naquela manhã Abraão Gadelha fora ferido a bala por um desconhecido que se imaginava a mando de seu ex-correligionário Ribamar de Souza. Toda a cidade falara disso, mas o tiro agora estava esquecido no Bacurau. Gadelha sobreviveu.

No solene silêncio há mandingas e ritos ...
Vêem-se, na confusão de vidas e detritos,
Consolações de Deus, ódios de Satanás.

Benito era um homem liquidado. Tinha tido uma pancreatite e não podia continuar bebendo.

Seus dedos se agitavam no ar, e ele já nada via. Algo morria.

Foi quando entrou, altaneiro, atlético, o poeta Lopes, que assinava Aflopes. Era um rapaz forte, simpático e talentoso.

— O Lopes! — gritou Maneco ao vê-lo. Aproxime-se do Ágora.

Como horroriza o luar! como é tão triste o seu brilho!

Lopes esperou que o poema chegasse ao fim. Benito esquecia versos, confundia estrofes.

Quando o Mestre acabou, o poeta Lopes falou:

— Sou portador de uma triste notícia.

Silêncio.

— Sabem quem acaba de morrer?

O gato pulou do balcão.

— Frei Lothar.

PISCANDO, sobranceiro, enevoado, pesado de álcool, olhos fechados, Benito ergueu-se da cadeira e ficou um instante assim, de pé, sem ver ninguém, imóvel.

Depois abriu os olhos parados e disse, apoiando-se na mesa:

— Senhores... Meus senhores... Acaba de falecer um dos maiores homens que esta terra conheceu... Frei Lothar consumiu toda sua longa vida no árduo trabalho de lutar contra a miséria, contra as doenças, contra a ignorância amazonense...

Não continuou, pois caiu sobre a mesa, rebentando em pedaços um copo de aguardente no chão. Morreu cinco dias depois e está sepultado sob uma lápide de cimento sem nome no cemitério da Major Gabriel. Alguns anos depois Ribamar de Souza e Diana Dartigues estavam separados. Mas nesse ponto me falta o fôlego enquanto eu chego ao fim dessa minha estória, pois o dia se anuncia e ressurge e é tempo de você partir, meu amigo, que eu fico aqui e tudo já vimos do que deveria ser visto a despeito desse vosso Narrador fingido que está no fim, permanecendo vivo ainda até esta hora e o assunto está terminado. Não mais, que foi assim que falei, e assim a estória se fez e falou por mim, e se cumpriram as coisas conforme o disse eu, o Narrador. Adeus, meu filho: lembre-se desse vosso Narrador que já não estará vivo e não se esqueça dessa estória tão bonita do amante das amazonas. A Amazônia é um certo lugar fantástico que também está no fim, mas quando sonhar sonhe com o Igarapé do Inferno se indo por dentro daquele pântano, passando pelo Palácio Manixi de grande memória, com o jovem Zequinha Bataillon. Lembre-se de Maria Caxinauá, do bugre Paxiúba, de Benito Botelho, de Pierre Bataillon ao piano e de sua Ifigênia Vellarde. Não se esqueça de Antônio

Ferreira, da maacu Ivete, da Conchita del Carmen, de Juca das Neves e D. Constança, sua mulher, e do Comendador Gabriel Gonçalves da Cunha. Mais de Frei Lothar e de Ribamar de Souza, que assim se vai nesse vosso Narrador que desaparece, neste ponto.

A presente edição de O AMANTE DAS AMA-
ZONAS de Rogel Samuel é o Volume de número 2
da Coleção Sagas do País Chamado Brasil. Capa
Cláudio Martins. Impresso na Líthera Maciel Editora e Gráfica Ltda., à rua Simão Antônio 1.070 - Con-
tagem, para a Editora Itatiaia, à Rua São Geraldo, 67
- Belo Horizonte - MG. No catálogo geral leva o número 01077/7B. ISBN. 85-319-0690-3.